2 Les verbes comme CHANTER avec tu - il/elle.

OBSERVE :

Tu chant**es**

Il
Elle
On
Oscar
} chant**e**

A. Relie ce qui va ensemble.

Tu ☐	☐ parles à un ami.
	☐ regarde une image.
	☐ joue dans le salon.
Il ☐	☐ parle à un ami.
	☐ regardes une image.
	☐ joues dans le salon.

B. Relie ce qui va ensemble.

Tu ☐	☐ dessine une maison.
	☐ goûte un chocolat.
	☐ dessines une maison.
Elle ☐	☐ déchires un papier.
	☐ goûtes un chocolat.
	☐ déchire un papier.

C. Relie ce qui va ensemble.

Tu ☐	☐ fermes la porte.
	☐ laves la tasse.
	☐ ferme la porte.
Louis ☐	☐ lave la tasse.
	☐ éclaires la chambre.
	☐ éclaire la chambre.

3 Les verbes comme CHANTER avec je - tu - il/elle.

OBSERVE :

Je chant**e**

Tu chant**es**

Il, elle, on chant**e**

A. Relie ce qui va ensemble.

- Je ☐
- Tu ☐
- Elle ☐

- ☐ roule à vélo.
- ☐ parles à un ami.
- ☐ regarde une image.
- ☐ joue dans le salon.
- ☐ parle à un ami.
- ☐ regardes une image.
- ☐ joues dans le salon.

B. Relie ce qui va ensemble.

- Je ☐
- Tu ☐
- Il ☐

- ☐ dessine une maison.
- ☐ goûte un chocolat.
- ☐ dessines une maison.
- ☐ déchires un papier.
- ☐ déchire un papier.
- ☐ goûtes un chocolat.

C. Relie ce qui va ensemble.

- Je/J' ☐
- Lucas ☐
- Tu ☐

- ☐ fermes la porte.
- ☐ laves la tasse.
- ☐ ferme la porte.
- ☐ lave la tasse.
- ☐ éclaires la chambre.
- ☐ éclaire la chambre.

4 Les verbes comme CHANTER avec je - tu - il/elle.

A. Complète par je ou tu.

.... aimes regarder de la danse. .... regardes un beau match. .... parle à la voisine. .... ferme la porte. .... parles au voisin. .... fermes la porte. .... roules à vélo. ....déchire un papier.

B. Complète par tu ou il/elle.

.... aime regarder de la danse. .... regardes un beau match. .... parles à la voisine. .... ferme la porte. .... parle au voisin. .... fermes la porte. .... roule à vélo. ....déchires un papier. .... roules à vélo. .... déchire un papier.

C. Relie ce qui va ensemble.

- Je/J' ☐
- Tu ☐
- Il/elle/on ☐

- ☐ lave une assiette.
- ☐ goûtes un chocolat.
- ☐ laves une assiette.
- ☐ éclaire la chambre.
- ☐ goûte un chocolat.
- ☐ éclaires la chambre.
- ☐ aime regarder la TV.

D. Ajoute e ou es.

Grand-mère port........ un chapeau. Tu cir......... les souliers. Tu jou........ dans la cave. Elle roul........ à vélo.

Je lav......... l'assiette. Il aid......... une amie.

Tu écout........ la radio. Tu ferm...... le frigo.

On mang.......... des épinards. Tu roul........ à vélo.

Je cir......... les souliers. Il cir.......... les souliers.

5 Les verbes comme CHANTER avec il/elle - ils/elles.

OBSERVE :

Il, elle, on, Oscar chant<u>**e**</u>

Ils, elles, Oscar et Sarah chant**ent**

A. Relie ce qui va ensemble.

On ☐	☐ parle à un ami.
	☐ regardent une image.
	☐ joue dans le salon.
Elles ☐	☐ parlent à un ami.
	☐ regarde une image.
	☐ jouent dans le salon.

B. Relie ce qui va ensemble.

Elle ☐	☐ dessine une maison.
	☐ goûte un chocolat.
	☐ dessinent une maison.
Ils ☐	☐ déchirent un papier.
	☐ goûtent un chocolat.
	☐ déchire un papier.

C. Relie ce qui va ensemble.

Dorothée ☐	☐ ferment la porte.
	☐ lavent la tasse.
	☐ ferme la porte.
Vicki et Marc ☐	☐ lave la tasse.
	☐ éclairent la chambre.
	☐ éclaire la chambre.

6 Les verbes comme CHANTER avec nous - vous.

OBSERVE :

Nous, Luc et moi chant**<u>ons</u>**

Vous, Louis et toi chant**<u>ez</u>**

A. Relie ce qui va ensemble.

Nous ☐	☐ parlez à un ami.
	☐ regardons une image.
	☐ jouons dans le salon.
Vous ☐	☐ parlons à un ami.
	☐ regardez une image.
	☐ jouez dans le salon.

B. Relie ce qui va ensemble.

Nous ☐	☐ dessinons une maison.
	☐ goûtez un chocolat.
	☐ dessinez une maison.
Vous ☐	☐ déchirons un papier.
	☐ goûtons un chocolat.
	☐ déchirez un papier.

C. Relie ce qui va ensemble.

Nous ☐	☐ fermons la porte.
	☐ lavons la tasse.
	☐ fermez la porte.
Vous ☐	☐ lavez la tasse.
	☐ éclairez la chambre.
	☐ éclairons la chambre.

7 Les verbes comme CHANTER avec toutes les personnes.

A. Relie ce qui va ensemble.

Je ☐
Tu ☐
Il ☐
Nous ☐
Vous ☐
Elles ☐

☐ joues dans le parc.
☐ jouez dans le parc.
☐ joue dans le parc.
☐ jouent dans le parc.
☐ jouons dans le parc.

B. Relie ce qui va ensemble.

Je ☐
Tu ☐
Fabian ☐
Nous ☐
Vous ☐
Marc et Paul ☐

☐ racontons une histoire.
☐ raconte une histoire.
☐ racontent une histoire.
☐ racontes une histoire.
☐ racontez une histoire.

C. Relie ce qui va ensemble.

Je ☐
Tu ☐
Alexis ☐
Louis et moi ☐
Marc et toi ☐
Amélie et son frère ☐
Nous ☐
Vous ☐
Elles ☐

☐ prépare le jeu.
☐ prépares le jeu.
☐ préparons le jeu.
☐ préparent le jeu.
☐ préparez le jeu.

Le verbe AVOIR

A. Relie ce qui va ensemble.

	☐ ai une poire.
J' ☐	☐ as un sac à dos.
	☐ ai un vélo.
	☐ as un vélo.
Tu ☐	☐ ai un sac à dos.
	☐ as une poire.

B. Relie ce qui va ensemble.

	☐ as une pomme.
Tu ☐	☐ a une pomme.
	☐ ai des bottines.
J' ☐	☐ as un nouveau stylo.
	☐ a des bottines.
Elle/Il ☐	☐ ai une pomme.
	☐ a un nouveau stylo.

C. Ajoute j', tu ou il/elle.

.... ai un petit chien.

.... as beaucoup d'amis.

.... as un achat à faire.

.... a un achat à faire.

.... a un jeans bleu.

.... ai une BD à lire.

D. Ajoute ai, as ou a.

J'......... un achat à faire.

Elle .... beaucoup d'amies.

Sabrina .... des cheveux courts.

Julie .... un cartable rouge.

J' .... un cartable rouge.

Tu .... un train électrique.

Il .... chaud.

Tu .... un petit chien.

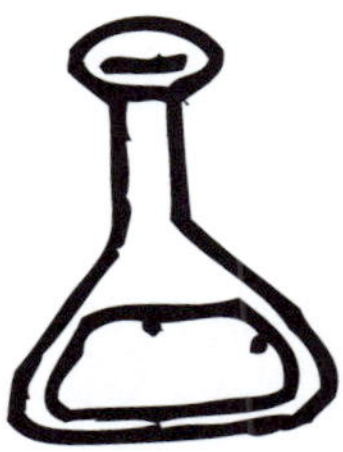

Le verbe AVOIR (suite)

A. Relie ce qui va ensemble.

		☐	ont une poire
Il/elle	☐	☐	a un sac à dos.
		☐	a un vélo.
		☐	ont un vélo.
Ils/elles	☐	☐	ont un sac à dos.
		☐	a une poire.

B. Relie ce qui va ensemble.

		☐	avez une pomme.
Nous	☐	☐	avons une pomme.
		☐	ont des bottines.
Vous	☐	☐	ont un nouveau stylo.
		☐	avez des bottines.
Elles/Ils	☐	☐	ont une pomme.
		☐	avons un nouveau stylo.

C. Ajoute nous, vous ou ils/elles.

.... avons un petit chien. .... avez beaucoup d'amis. .... avez un achat à faire. .... ont un achat à faire. .... ont un jeans bleu. .... avons une BD à lire.

D. Ajoute avons, avez ou ont.

Nous .... un achat à faire. Vous .... un petit chien. Elles .... beaucoup d'amies. Sabrina et moi .... chaud. Julie et toi .... un cartable rouge. Nous .... un cartable rouge. Nous .... un train électrique. Ils .... chaud.

Le verbe AVOIR (suite)

A. Relie ce qui va ensemble.

J' ☐	☐ avons faim.
Tu ☐	☐ as faim.
Ton ami ☐	☐ ai une guitare.
Luc et moi, nous ☐	☐ ont faim.
Anaïs et toi, vous ☐	☐ a une guitare.
Les filles ☐	☐ avez une guitare.

B. Complète en choisissant ci-dessous.

Ma sœur - J' - Tu - Charlotte et moi - Quelques enfants - Elle et toi

.... avez une bague.

.... ont une bague.

.... ai une bague.

.... a une bague.

.... as une bague.

.... avons une bague.

C. Complète avec le verbe avoir.

Vous .... les félicitations de vos parents.

Sarah et moi .... envie d'une boisson.

Tu .... mal à la tête.

Sam et toi .... le même cartable.

Nous .... une journée ensoleillée.

Leila et son amie .... des tresses.

Toi et moi .... les yeux bruns.

J'...................... une voiture. Elles .... une belle veste. Clara .... le bras cassé.

Sacha .... un rhume. Ils .... soif.

Il .... beaucoup de livres.

La danseuse .... de la grâce.

Le verbe ÊTRE

A. Relie ce qui va ensemble.

Je	☐	☐	suis à l'école.
		☐	es sage.
Tu	☐	☐	es à l'école.
		☐	suis sage.

B. Relie ce qui va ensemble.

Tu	☐	☐	est gentille.
		☐	es en retard.
Il	☐	☐	est amusant.
		☐	est gentil.
Elle	☐	☐	es amusante.

C. Complète par suis, es ou est.

Tu .... souffrant.

Il .... souffrant.

Elle .... chez son frère.

Je .... ton ami.

Je .... en classe.

Tu .... courageuse.

Elle .... heureuse de ta visite.

Elle .... prudente à vélo.

Je .... en retard.

Tu .... devant la gare.

D. Relie ce qui va ensemble.

Nous (garçons)	☐	☐	sommes amusants.
Nous (filles)	☐	☐	êtes amusants.
Vous (garçons)	☐	☐	sommes amusantes.
Vous (filles)	☐	☐	êtes amusantes.
Ils	☐	☐	sont amusantes.
Elles	☐	☐	sont amusants.

Le verbe ÊTRE (suite)

A. Relie ce qui va ensemble.

Je	☐	☐	es assis(e).
Tu	☐	☐	est assise.
Elle	☐	☐	est assis.
Il	☐	☐	sommes assis(es).
Nous	☐	☐	sont assises.
Vous	☐	☐	suis assis(e).
Ils	☐	☐	êtes assis(es).
Elles	☐	☐	sont assis.

B. Complète par tu, il ou elle.

.... es en vacances. .... est délicieuse. .... est partie en ville. .... es généreuse. .... est généreuse. .... est impatient de recevoir son cadeau. .... es impatiente de le revoir. .... est impatiente de te revoir. .... est à la mer. .... es capable d'écrire sans faute.

C. Complète par es, est ou sont.

Elle .... près du radiateur. Ils .... près du radiateur. Tu .... près du radiateur. On .... près de toi. Elles .... certaines de venir. Il .... certain de venir. Elles .... inquiètes. Ils .... inquiets. Tu .... inquiet. Tu .... inquiète.

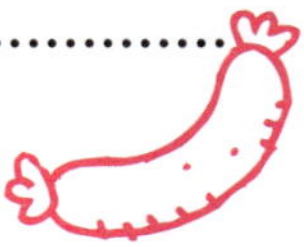

D. Complète en choisissant ci-dessous.

La voiture - Elle - Tu - Pierre et moi - Quelques enfants - Elle et toi

.... est en panne.

.................................est gentille.

.... sommes obéissants.

.... sont contents.

.... es dans la salle de bains.

.... êtes au cinéma.

Le verbe ALLER

A. Relie ce qui va ensemble.

Je	☐	☐	va en voyage.
Tu	☐	☐	vais en voyage.
Il/elle	☐	☐	allons en voyage.
Nous	☐	☐	vas en voyage.
Vous	☐	☐	vont en voyage.
Ils/Elles	☐	☐	allez en voyage.

B. Relie ce qui va ensemble.

Je	☐		
Tu	☐	☐	va chez le primeur.
David	☐	☐	vas chez le primeur.
Il	☐	☐	vais chez le primeur.
On	☐	☐	allez chez le primeur.
Anne et moi	☐	☐	vont chez le primeur.
Louis et son frère	☐	☐	allons chez le primeur.
Marc et toi	☐		

C. Conjugue le verbe ALLER.

Tu .... au cinéma avec tes parents. Vous .... chez le boulanger. Elle .... au cinéma avec ses parents. Je .... dans la voiture. Le chien .... dans sa niche. Nous .... chez le coiffeur. Tu .... chez la coiffeuse. Laure .... dans sa chambre. Elles .... à la mer. Je .... en excursion. Ils.............................. quelques jours en vacances.

Le verbe FAIRE

A. Relie ce qui va ensemble.

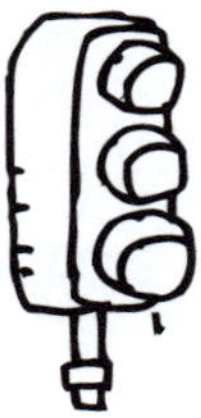

Je ☐	
Tu ☐	☐ faisons du potage.
Il/elle ☐	☐ fais du potage.
Nous ☐	☐ font du potage.
Vous ☐	☐ fait du potage.
Ils/Elles ☐	☐ faites du potage.

B. Relie ce qui va ensemble.

Je ☐	
Tu ☐	
Tom ☐	☐ fais un dessin.
Il ☐	☐ fait un dessin.
On ☐	☐ font un dessin.
Laure et moi ☐	☐ faites un dessin.
David et son frère ☐	☐ faisons un dessin.
Damien et toi ☐	

C. Conjugue le verbe FAIRE.

Elle .... une erreur dans le calcul. Nous .... du feu. Clara et Sarah .... leur lit. Tu .... une erreur dans le calcul. Je .... une découverte. Vous .... de la lumière. Elles .... un bouquet de fleurs. Tu .... un jus de fruits. Vous .... un bouquet de fleurs. Myra et Boris .... un trou dans le sable. Lena .... son lit. Toi et moi .... une découverte.

Les verbes comme FINIR

A. Relie ce qui va ensemble.

Je	☐	☐	finit le travail.
Tu	☐	☐	finissez le travail.
Il/elle	☐	☐	finissent le travail.
Nous	☐	☐	finis le travail.
Vous	☐	☐	finissons le travail.
Ils/Elles	☐		

B. Relie ce qui va ensemble.

Je	☐		
Tu	☐		
Elsa	☐	☐	finis le dessert.
Il	☐	☐	finit le dessert.
On	☐	☐	finissez le dessert.
Manon et moi	☐	☐	finissons le dessert.
Fred et son frère	☐	☐	finissent le dessert.
Patrick et toi	☐		

C. Conjugue le verbe FINIR.

Je .... la lecture.

Vous .... la lecture.

Le marchand .... son étalage.

Les marchands .... leur étalage.

Anne et toi .... le rangement.

Raïssa et moi .... le rangement.

Le verbe LIRE

A. Relie ce qui va ensemble.

Je ☐	☐ lisons un livre.
Tu ☐	☐ lisent un livre.
Il/Elle ☐	☐ lis un livre.
Nous ☐	☐ lit un livre.
Vous ☐	☐ lisez un livre.
Ils/Elles ☐	

B. Conjugue le verbe LIRE.

Pierre .... une publicité.

Je .... un texte.

Vous .... une histoire.

Nous .... une recette.

Elles .... un texte.

Tu .... une recette.

Le verbe DIRE

A. Relie ce qui va ensemble.

Je ☐	☐ dites bonjour.
Tu ☐	☐ disons bonjour.
Il/Elle ☐	☐ dit bonjour.
Nous ☐	☐ disent bonjour.
Vous ☐	☐ dis bonjour.
Ils/Elles ☐	

B. Conjugue le verbe DIRE.

Tu .... la vérité.

Myra et toi .... bonsoir.

Nous .... la vérité.

Lucas et Enzo .... bonsoir.

Clara .... la vérité.

Boris et moi .... la vérité.

Je .... bonsoir.

Le verbe ÉCRIRE

A. Relie ce qui va ensemble.

J' ☐	☐ écrivons une lettre.
Tu ☐	☐ écris une lettre.
Il/Elle ☐	☐ écrivez une lettre.
Nous ☐	☐ écrit une lettre.
Vous ☐	☐ écrivent une lettre.
Ils/Elles ☐	

B. Conjugue le verbe ÉCRIRE.

Tu .... à ton amie.

Vous .... à votre amie.

J'................................. à mon amie.

Elles .... à leur amie.

Nous .... à notre amie.

Il .... à son amie.

Le verbe METTRE

A. Relie ce qui va ensemble.

Je ☐	☐ met du sel dans le potage.
Tu ☐	☐ mettez du sel dans le potage.
Il/Elle ☐	☐ mets du sel dans le potage.
Nous ☐	☐ mettent du sel dans le potage.
Vous ☐	☐ mettons du sel dans le potage.
Ils/Elles ☐	

B. Conjugue le verbe METTRE.

Nous .... une nappe sur la table.

Je .... une nappe sur la table.

Vous ....une nappe sur la table.

Elles .... une nappe sur la table.

Il .... une nappe sur la table.

Tu .... une nappe sur la table.

Le verbe OUVRIR

A. Relie ce qui va ensemble.

J' ☐	☐ ouvre la fenêtre.
Tu ☐	☐ ouvrons la fenêtre.
Il/Elle ☐	☐ ouvrez la fenêtre.
Nous ☐	☐ ouvres la fenêtre.
Vous ☐	☐ ouvrent la fenêtre.
Ils/Elles ☐	

B. Conjugue le verbe OUVRIR.

Tu .... le tiroir.

Il .... le tiroir.

Elles .... le tiroir.

Vous .... le tiroir.

Nous .... le tiroir.

J'............................... le tiroir.

Le verbe DORMIR

A. Relie ce qui va ensemble.

Je ☐	
Tu ☐	☐ dormons la fenêtre ouverte.
Il/Elle ☐	☐ dormez la fenêtre ouverte.
Nous ☐	☐ dorment la fenêtre ouverte.
Vous ☐	☐ dort la fenêtre ouverte.
Ils/Elles ☐	☐ dors la fenêtre ouverte.

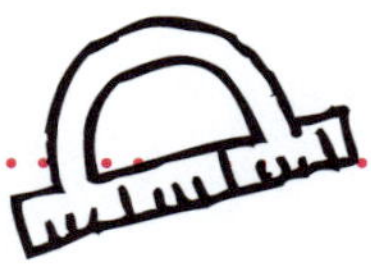

B. Conjugue le verbe DORMIR.

Inès et Manon .... dans un lit confortable.

Louis et toi .... dans un lit confortable.

Nous .... dans un lit confortable.

Je .... dans un lit confortable.

Elle .... dans un lit confortable.

Le verbe DEVOIR

A. Relie ce qui va ensemble.

Je ☐	☐ dois éteindre la TV.
Tu ☐	☐ devons éteindre la TV.
Il/Elle ☐	☐ devez éteindre la TV.
Nous ☐	☐ doivent éteindre la TV.
Vous ☐	☐ doit éteindre la TV.
Ils/Elles ☐	

B. Conjugue le verbe DEVOIR.

Elle .... ranger la vaisselle.

Tu .... ranger la vaisselle.

Sam et Ludovic .... ranger la vaisselle.

Nous .... ranger la vaisselle.

Vous .... ranger la vaisselle.

Ils .... ranger la vaisselle.

Je .... ranger la vaisselle.

Le verbe VOIR

A. Relie ce qui va ensemble.

Je ☐		
Tu ☐		☐ voit un oiseau sur la branche.
Il/Elle ☐		☐ voyons un oiseau sur la branche.
Nous ☐		☐ vois un oiseau sur la branche.
Vous ☐		☐ voient un oiseau sur la branche.
Ils/Elles ☐		☐ voyez un oiseau sur la branche.

B. Conjugue le verbe VOIR.

Ils .... un arc-en-ciel.

Nous .... un arc-en-ciel.

Elle................................ un arc-en-ciel.

Je............................... un arc-en-ciel.

Max et moi .... un arc-en-ciel.

Tu .... un arc-en-ciel.

Le verbe SAVOIR

A. Relie ce qui va ensemble.

Je ☐	
Tu ☐	☐ savons répondre à la question.
Il/Elle ☐	☐ savez répondre à la question.
Nous ☐	☐ sait répondre à la question.
Vous ☐	☐ savent répondre à la question.
Ils/Elles ☐	☐ sais répondre à la question.

B. Conjugue le verbe SAVOIR.

Elles .... lire.

Vous .... lire.

Wafa et moi .... lire.

Je .... lire.

Tu .... lire.

Il .... lire.

Le verbe CROIRE

A. Relie ce qui va ensemble.

Je ☐	
Tu ☐	☐ crois ce qu'il dit.
Il/Elle ☐	☐ croyons ce qu'il dit.
Nous ☐	☐ croient ce qu'il dit.
Vous ☐	☐ croit ce qu'il dit.
Ils/Elles ☐	☐ croyez ce qu'il dit.

B. Conjugue le verbe CROIRE.

Je .... le professeur.

Tu............................. le professeur.

Clara et Florian .... le professeur.

Vous .... le professeur.

Elle .... le professeur.

Nous .... le professeur.

Tes parents .... le professeur.

Le verbe COMPRENDRE

A. Relie ce qui va ensemble.

Je ☐

Tu ☐

Il/Elle ☐

Nous ☐

Vous ☐

Ils/Elles ☐

☐ comprennent la leçon.

☐ comprenons la leçon.

☐ comprenez la leçon.

☐ comprends la leçon.

☐ comprend la leçon.

B. Conjugue le verbe COMPRENDRE.

Vous .... la plaisanterie.

Nous.............................. la plaisanterie.

Elle .... la plaisanterie.

Ils .... la plaisanterie.

Je .... la plaisanterie.

Tu .... la plaisanterie.

Le verbe POUVOIR

A. Relie ce qui va ensemble.

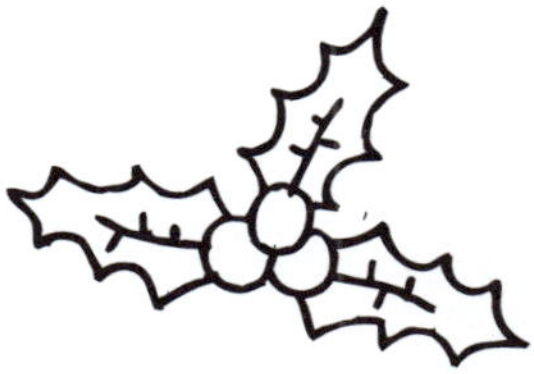

Je ☐

Tu ☐

Il/Elle ☐

Nous ☐

Vous ☐

Ils/Elles ☐

☐ pouvons boire une limonade.

☐ peut boire une limonade.

☐ peuvent boire une limonade.

☐ pouvez boire une limonade.

☐ peux boire une limonade.

B. Conjugue le verbe POUVOIR.

Nathan .... aller jouer.

Lucas et Assim .... aller jouer.

Je .... aller jouer.

Vous .... aller jouer.

Tu .... aller jouer.

Nous .... aller jouer.

Les terminaisons des différentes personnes

1 Les terminaisons avec Je.

A. Ajoute la terminaison qui convient.

Je coup...... une pomme. Je fini...... le travail. Je garni...... le sapin. Je vend...... des gaufres. Je descend...... les escaliers. Je di...... merci. Je dor...... dans le canapé. Je voi...... un oiseau. Je veu...... réussir. Je sai...... conjuguer. Je met...... une veste. Je vai...... au cinéma. Je sui...... sage. Je fai...... un bouquet. J'écri...... une carte.

B. Ajoute la terminaison qui convient.

Je perd...... au jeu. Je prend...... un médicament. Je par...... à la campagne. Je li...... le mode d'emploi. Je boi...... du lait. J'ai...... soif. Je cour...... vite. Je croi...... ce qu'il dit. Je sor...... le vélo. Je tien...... la porte. Je ri...... souvent. J'achèt...... des fruits. Je travaill...... sérieusement. Je commenc...... un bricolage. Je peu....... regarder la TV.

2 Les terminaisons avec Tu.

A. Ajoute la terminaison qui convient.

Tu coup...... une pomme. Tu fini...... le travail. Tu garni...... le sapin. Tu vend...... des gaufres. Tu descend...... les escaliers. Tu di...... merci. Tu dor...... dans le canapé. Tu voi..... un oiseau. Tu veu...... réussir. Tu sai...... conjuguer. Tu met...... une veste. Tu va...... au cinéma. Tu es...... sage. Tu fai...... un bouquet. Tu écri...... une carte.

B. Ajoute la terminaison qui convient.

Tu perd...... au jeu. Tu prend...... un médicament. Tu par...... à la campagne. Tu li...... le mode d'emploi. Tu boi...... du lait. Tu a...... soif. Tu cour...... vite. Tu croi...... ce qu'il dit. Tu sor...... le vélo. Tu tien...... la porte. Tu ri...... souvent. Tu achèt...... des fruits. Tu travaill...... sérieusement. Tu commenc...... un bricolage. Tu peu...... regarder la TV.

3 Les terminaisons avec Il/Elle.

A. Ajoute la terminaison qui convient.

Il coup...... une pomme. Il fini...... le travail. Il garni...... le sapin. Il ven...... des gaufres. Elle descen...... les escaliers. Elle di...... merci. Il dor...... dans le canapé. Elle voi...... un oiseau. Elle veu...... réussir. Elle sai...... conjuguer.

Il met...... une veste. Elle va...... au cinéma. Elle es...... sage.

Il fai...... un bouquet. Il écri...... une carte.

B. Ajoute la terminaison qui convient.

Il per...... au jeu. Elle pren...... un médicament. Il par...... à la campagne. Elle li...... le mode d'emploi. Elle boi...... du lait.

Il a...... soif. Elle cour...... vite. Elle croi...... ce qu'il dit.

Elle sor...... le vélo. Elle tien...... la porte. Elle ri...... souvent.

Il achèt...... des fruits. Il travaill...... sérieusement.

Il commenc...... un bricolage. Elle peu...... regarder la T.V.

4 Les terminaisons avec Nous.

A. Ajoute la terminaison qui convient.

Nous coup....... une pomme. Nous finiss.......... le travail.

Nous garniss............. le sapin. Nous vend............ des gaufres. Nous descend.......... les escaliers. Nous dis.......... merci. Nous dorm.......... dans le canapé. Nous voy.......... un oiseau. Nous voul.......... réussir. Nous sav.......... conjuguer.

Nous mett........... une veste. Nous all.......... au cinéma.

Nous somm...... sages. Nous fais......... un bouquet.

Nous écriv.......... une carte.

B. Ajoute la terminaison qui convient.

Nous perd.......... au jeu. Nous pren......... un médicament.

Nous part......... à la campagne. Nous lis......... le mode d'emploi. Nous buv.......... du lait. Nous a............ soif.

Nous cour............. vite. Nous croy........... ce qu'il dit.

Nous sort............ le vélo. Nous ten............ la porte.

Nous ri............ souvent. Nous achet............. des fruits.

Nous travaill........... .Nous commenç......... un bricolage.

5 Les terminaisons avec Vous.

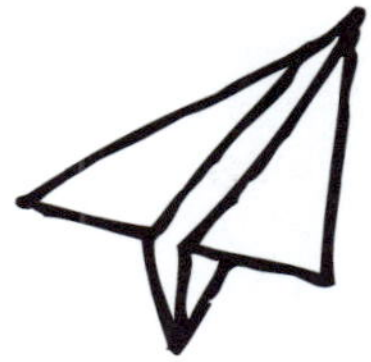

A. Ajoute la terminaison qui convient.

Vous coup...... une pomme. Vous finiss...... le travail.

Vous garniss...... le sapin. Vous vend...... des gaufres.

Vous descend...... les escaliers. Vous dit...... merci.

Vous dorm...... dans le canapé. Vous voy...... un oiseau.

Vous voul...... réussir. Vous sav...... conjuguer. Vous mett...... une veste. Vous all...... au cinéma. Vous êt...... sages.

Vous fait...... un bouquet. Vous écriv...... une carte.

B. Ajoute la terminaison qui convient.

Vous perd........ au jeu. Vous pren........ un médicament.

Vous part........ à la campagne. Vous lis...... le mode d'emploi.

Vous buv...... du lait. Vous a............ soif. Vous cour...... vite.

Vous croy...... ce qu'il dit. Vous sort......... le vélo. Vous ten........ la porte. Vous ri........ souvent. Vous achet........ des fruits.

Vous travaill....... sérieusement. Vous commenc........ un bricolage. Vous pouv...... regarder la TV.

6 Les terminaisons avec Ils/Elles.

A. Ajoute la terminaison qui convient.

Elles coup.......... une pomme. Elles finiss.......... le travail.

Ils garniss........... le sapin. Ils vend........... des gaufres.

Elles descend.......... les escaliers. Elles di.......... merci.

Ils dorm.......... dans le canapé. Ils voi........... un oiseau.

Elles veul.......... réussir. Elles sav.......... conjuguer.

Ils mett........... une veste. Ils v.......... au cinéma. Ils s...........

sages. Ils f......... un bouquet. Elles écriv........... une carte.

B. Ajoute la terminaison qui convient.

Ils perd......... au jeu. Elles pren........... un médicament.

Elles part........... à la campagne. Elles li............. le mode

d'emploi. Elles boi........... du lait. Ils on...... soif.

Elles cour.......... vite. Elles croi.......... ce qu'il dit. Ils sort........

le vélo. Ils tien........... la porte. Ils ri............ souvent.

Elles achèt............ des fruits.. Elles commenc......... un

bricolage. Elles peuv........ regarder la TV.

LE PASSÉ COMPOSÉ
Les verbes comme CHANTER

A. Relie ce qui va ensemble.

J'	☐	☐	ai invité un ami.
Tu	☐	☐	as invité un ami.
Il/elle	☐	☐	a invité un ami.
Nous	☐	☐	avons invité un ami.
Vous	☐	☐	ont invité un ami.
Ils/elles	☐	☐	avez invité un ami.
Ethan et moi	☐		
Elle et toi	☐		

B. Complète avec le verbe TRAVERSER au passé composé.

Elle .... la rue. Vous ....

la rue. J' .... la rue.

Ils .... la rue. Tu ....

la rue. Nous .... la rue.

Carl et Jassim .... la rue.

C. Complète avec le verbe ADMIRER au passé composé.

Tu .... ce château.

J' .... ce château.

Vous .... ce château.

Elles .... ce château.

Pierre et moi .... ce château.

Saïm .... ce château.

Nous .... ce château.

D. Complète avec le verbe GAGNER au passé composé.

Elle .... au jeu.

Vous ....au jeu.

J' .... au jeu.

Ils ....au jeu.

Tu .... au jeu.

Nous .... au jeu.

Le passé composé (suite)

A. Relie ce qui va ensemble.

Je ☐	
Tu ☐	☐ es tombé(e) du mur.
Il ☐	☐ suis tombé(e) du mur.
Elle ☐	☐ est tombé du mur.
	☐ est tombée du mur.
Nous ☐	
Vous ☐	☐ sont tombés du mur.
Ils ☐	☐ sommes tombé(e)s du mur.
Elles ☐	☐ sont tombées du mur.
Zoé et moi ☐	☐ êtes tombé(e)s du mur.
Elle et toi, Léa ☐	

B. Relie ce qui va ensemble.

Je (= Lise) ☐	
Tu (= Paul) ☐	☐ est restée à la maison.
Il ☐	☐ est resté à la maison.
Elle ☐	☐ es resté à la maison.
	☐ suis restée à la maison.
Nous (2 filles) ☐	
Vous ☐	☐ sommes restés à la maison.
Elles ☐	☐ sont restées à la maison.
Pierre et moi ☐	☐ sommes restées à la maison.
	☐ êtes restés à la maison.

C. Complète avec le verbe ENTRER au passé composé.

Moi, dit Élise, je .... dans le magasin.

Elles .... dans le magasin.

Il .... dans le magasin.

Ta sœur et ton frère .... dans le magasin.

Le passé composé : autres verbes

A. Relie ce qui peut convenir.

J' ☐	☐ est allée sur la plage.
Tu ☐	☐ ai vu le lever du soleil.
Il ☐	☐ est allé sur la plage.
Elle ☐	☐ as vendu des stylos.
Nous ☐	☐ sont allées sur la plage.
Vous ☐	☐ avez vu le lever du soleil.
Elles ☐	☐ avons vendu des stylos.

B. Relie ce qui peut convenir.

J' ☐	☐ est arrivé à l'heure.
Tu ☐	☐ ai battu les cartes.
Il ☐	☐ as eu froid.
Nous ☐	☐ avez eu froid.
Vous ☐	☐ sont arrivées à l'heure.
Elles ☐	☐ sommes arrivé(e)s à l'heure.
Julien et toi ☐	☐ ont battu les cartes.

C. Relie ce qui peut convenir.

- J' ☐
- Tu ☐
- Il ☐
- Nous ☐
- Vous ☐
- Elles ☐
- Chloé et toi ☐

- ☐ as compris la question.
- ☐ ai bu un chocolat chaud.
- ☐ a reconnu un ancien voisin.
- ☐ ont bu un chocolat chaud.
- ☐ avons reconnu un ancien voisin.
- ☐ avez compris la question.

D. Relie ce qui peut convenir.

- J' ☐
- Tu ☐
- Il ☐
- Les élèves ☐
- Nous ☐
- Vous ☐
- Elles ☐

- ☐ as couvert les cahiers.
- ☐ ai couru vers elle.
- ☐ a cru ses paroles.
- ☐ avez couru vers elle.
- ☐ ont couvert les cahiers.
- ☐ avons cru ses paroles.

E. Relie ce qui peut convenir.

J' ☐	☐ est devenue institutrice.
Tu ☐	☐ as dû relire le texte.
Il ☐	☐ est devenu instituteur.
Caroline ☐	☐ ai descendu les volets.
Nous ☐	☐ sont devenues institutrices.
Vous ☐	☐ avons descendu les volets.
Elles ☐	☐ avez dû relire le texte.

F. Relie ce qui peut convenir.

J' ☐	☐ a écrit à son ami.
Tu ☐	☐ as ronflé en dormant.
Il ☐	☐ ai dit de revenir plus tard.
Ludovic ☐	☐ avez ronflé en dormant.
Nous ☐	☐ avons écrit à nos correspondants.
Vous ☐	☐ ont dit de revenir plus tard.
Elles ☐	

G. Relie ce qui peut convenir.

J' ☐	☐ as été gentil.
Tu ☐	☐ ai entendu un coup de tonnerre.
Il ☐	☐ a fait du bruit.
Nous ☐	☐ avons entendu un coup de tonnerre.
Vous ☐	
Elles ☐	☐ avez été gentils.
Vous et moi ☐	☐ ont fait du bruit.

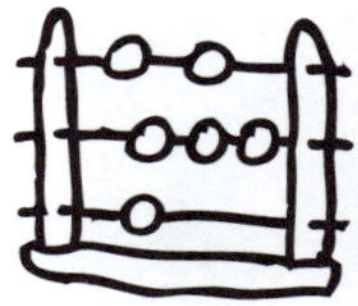

H. Relie ce qui peut convenir.

J' ☐	☐ ai fini le bricolage.
Tu ☐	☐ a mis fin à la récréation.
Il ☐	☐ as lu un conte.
Nous ☐	☐ ont fini le bricolage.
Vous ☐	☐ avez mis fin à la récréation.
Elles ☐	☐ avons lu un conte.

I. Relie ce qui peut convenir.

Léa ☐	☐ est passé derrière moi.
J' ☐	☐ est passée derrière moi.
Tu ☐	☐ ai perdu ma clé.
Il ☐	☐ es parti(e) depuis longtemps.
Nous ☐	☐ sont parties depuis longtemps.
Vous ☐	☐ êtes passé(e)s derrière moi.
Elles ☐	☐ avons perdu notre clé.
Les enfants ☐	☐ sont partis depuis longtemps.

J. Relie ce qui peut convenir.

J' ☐	
Tu ☐	☐ a ri de cette blague.
Il ☐	☐ ai pris un bon départ.
Nous ☐	☐ as pu prendre un bain.
Vous ☐	☐ avons pris un bon départ.
Elles ☐	☐ ont ri de cette blague.
Léo et toi ☐	☐ avez pu prendre un bain.

K. Relie ce qui peut convenir.

J' ☐	
Tu ☐	☐ a sorti la poubelle.
Il ☐	☐ as senti le parfum du muguet.
Alice ☐	☐ ai su réparer le vélo.
Nous ☐	☐ ont su réparer le vélo.
Vous ☐	☐ avez senti le parfum du muguet.
Elles ☐	☐ avons sorti la poubelle.

L. Relie ce qui peut convenir.

J' ☐	☐ as vendu tes anciens jouets.
Tu ☐	☐ est sorti de l'eau.
Il ☐	☐ ai tenu la main de mon frère.
Nous ☐	☐ avons tenu l'échelle.
Vous ☐	☐ sont sorties de l'eau.
Elles ☐	☐ avez vendu vos anciens jouets.

M. Relie ce qui peut convenir.

J'	☐	☐	es venu(e) nous rencontrer.
Tu	☐	☐	ai vu sa nouvelle auto.
Il	☐	☐	a voulu le reconduire.
Nous	☐	☐	sont venues nous rencontrer.
Vous	☐	☐	avez vu sa nouvelle auto.
Elles	☐	☐	avons voulu le reconduire.

Les terminaisons des participes passés

A. Complète le tableau.

VERBE	Part. passé au féminin	PASSÉ COMPOSÉ
Faire	fai.............	Il a ....
Descendre	descend..........	Il a ....
Écrire	écri...........	Il a ....
Comprendre	compri.........	Il a ....
Dire	di.............	Il a ....
Mettre	mi.............	Il a ....
Connaître	con.............	Il a ....
Partir	parti..........	Il est ....
Vendre	vend.........	Il a ....
Perdre	perd..........	Il a ....

L'imparfait (hier...)

A. Relie ce qui peut convenir.

Je ☐
Tu ☐
Il ☐
Nous ☐
Vous ☐
Elles ☐
Marc et moi ☐

☐ courais vers elle.
☐ croyait ses paroles.
☐ couriez vers elle.
☐ couvraient les cahiers.
☐ croyions ses paroles.

B. Relie ce qui peut convenir.

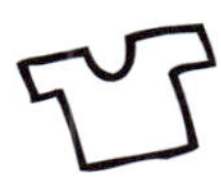

Je ☐
Tu ☐
Il ☐
Nous ☐
Vous ☐
Elles ☐

☐ devenait instituteur.
☐ descendais les volets.
☐ devaient relire le texte.
☐ deviez relire le texte.
☐ descendions les volets.

C. Relie ce qui peut convenir.

Je ☐	
Tu ☐	☐ écrivait à nos amis.
Il ☐	☐ ronflais en dormant.
Nous ☐	☐ ronfliez en dormant.
Vous ☐	☐ écrivions à nos correspondants.
Elles ☐	☐ disaient de revenir plus tard.
Léna et Laura ☐	

D. Relie ce qui peut convenir.

J' ☐	
Tu ☐	☐ étais gentil.
Il ☐	☐ faisait du bruit.
Nous ☐	☐ étiez gentils.
Vous ☐	☐ faisaient du bruit.
Elles ☐	☐ entendions un coup de tonnerre.
Vous et moi ☐	

E. Relie ce qui peut convenir.

Je ☐	
Tu ☐	☐ mettait fin à la récréation.
Il ☐	☐ lisais un conte.
Nous ☐	☐ lisions un conte.
Vous ☐	☐ mettiez fin à la récréation.
Elles ☐	☐ finissaient le bricolage.
Manon et moi ☐	

F. Relie ce qui peut convenir.

Je ☐	
Tu ☐	☐ perdais ma clé.
Il ☐	☐ voulait vous rencontrer.
Nous ☐	☐ partaient en voyage.
Vous ☐	☐ passiez derrière moi.
Elles ☐	☐ perdions notre clé.
Myra et Matéo ☐	

G. Relie ce qui peut convenir.

Je ☐	☐ prenais un bon départ.
Tu ☐	☐ riait de cette blague.
Il ☐	☐ preniez un bon départ.
Nous ☐	☐ riions de cette blague.
Vous ☐	☐ pouvaient prendre un bain.
Elles ☐	
Vous et moi ☐	

H. Relie ce qui peut convenir.

Je ☐	☐ sentais le parfum du muguet.
Tu ☐	☐ sortait la poubelle.
Il ☐	☐ saviez réparer le vélo.
Nous ☐	☐ venaient réparer le vélo.
Vous ☐	☐ sortions la poubelle.
Elles ☐	
Inès et Carl ☐	

1. Relie ce qui peut convenir.

Je ☐
Tu ☐
Il ☐
Nous ☐
Vous ☐
Elles ☐
Toi et moi ☐

☐ voyait son ami.
☐ vendais tes anciens jouets.
☐ veniez nous rencontrer.
☐ tenions l'échelle.
☐ sortaient de l'eau.

Le futur simple (demain...)

A. Relie ce qui peut convenir.

Je ☐		☐ courrai vers elle.
Tu ☐		☐ courras vers elle.
Il ☐		☐ croira ses paroles.
Nous ☐		☐ courrez vers elle.
Vous ☐		☐ couvriront les cahiers.
Elles ☐		☐ croirons ses paroles.
Tom et moi ☐		

B. Relie ce qui peut convenir.

Je ☐		☐ deviendrai instituteur.
Tu ☐		☐ descendras les volets.
Il ☐		☐ deviendra instituteur.
Nous ☐		☐ devront relire le texte.
Vous ☐		☐ devrez relire le texte.
Elles ☐		☐ descendrons les volets.

C. Relie ce qui peut convenir.

J' ☐	☐ dira de revenir plus tard.
Tu ☐	☐ écrirai à nos amis.
Il ☐	☐ ronfleras en dormant.
Nous ☐	☐ écrirons à nos correspondants.
Vous ☐	☐ diront de revenir plus tard.
Elles ☐	☐ ronflerez en dormant.
Léna et Laura ☐	

D. Relie ce qui peut convenir.

Je ☐	☐ voudra vous rencontrer.
Tu ☐	☐ perdras ma clé.
Il ☐	☐ partirai en voyage.
Nous ☐	☐ perdrons notre clé.
Vous ☐	☐ partiront en voyage.
Elles ☐	☐ passerez derrière moi.
Myra et Matéo ☐	

E. Relie ce qui peut convenir.

J' ☐

Tu ☐

Il ☐

Nous ☐

Vous ☐

Elles ☐

Vous et moi ☐

☐ entendrai un coup de tonnerre.

☐ fera du bruit.

☐ seras gentil.

☐ serez gentils.

☐ feront du bruit.

☐ entendrons un coup de tonnerre.

F. Relie ce qui peut convenir.

Je ☐

Tu ☐

Il ☐

Nous ☐

Vous ☐

Elles ☐

Manon et toi ☐

☐ lira un conte.

☐ mettras fin à la récréation.

☐ finirai le bricolage.

☐ mettrez fin à la récréation.

☐ finiront le bricolage.

☐ lirons un conte.

G. Relie ce qui peut convenir.

Je ☐
Tu ☐
Il ☐
Maxence ☐
Nous ☐
Vous ☐
Elles ☐

☐ pourras prendre le train.
☐ prendrai un bon départ.
☐ rira de cette blague.
☐ prendrez un bon départ.
☐ rirons de cette blague.
☐ pourront prendre un bain.

H. Relie ce qui peut convenir.

Je ☐
Tu ☐
Il ☐
Nous ☐
Vous ☐
Elles ☐
Inèss et Alexis ☐

☐ viendras réparer le vélo.
☐ sentirai le parfum du muguet.
☐ sortira la poubelle.
☐ sortirons la poubelle.
☐ saurez réparer le vélo.
☐ viendront réparer le vélo.

1. Relie ce qui peut convenir.

- Je ☐
- Tu ☐
- Il ☐
- Nous ☐
- Vous ☐
- Elles ☐
- Toi et moi ☐

- ☐ tiendras l'échelle.
- ☐ deviendra son ami.
- ☐ vendrai tes anciens jouets.
- ☐ viendrez nous rencontrer.
- ☐ tiendrons l'échelle.
- ☐ sortiront de l'eau.

L'impératif présent

A. Tu parles à une autre personne. (2e personne du singulier)

Exemple : apporter > Apporte ton ballon.

arriver : .... à l'heure.
attendre : .... -moi.
boire : .... ce jus d'orange.
comprendre : .... la leçon.
connaître : .... les tables de multiplication.
croire : .... ce que tes parents te disent.
découvrir : .... ce beau livre.
écrire : .... à un ami.
entendre : .... le signal.
être : .... calme.

faire : .... un trou.
laver : .... la chaise.
lever : .... le volet.
mettre : .... le linge à sécher.
monter : .... la tente.
ouvrir : .... la fenêtre.
rendre : .... le stylo à ton voisin.
servir : .... les boissons.
travailler : .... sérieusement.
retrouver : .... le livre.
aller : .... le chercher.
partir : .... à temps.
manger : .... lentement.
finir : .... l'exercice.
sentir : .... le parfum de cette fleur.

B. Tu parles de toi et d'une autre personne. (1re personne du pluriel)

Exemple : apporter > Apportons un ballon.

arriver : .... à l'heure.
attendre : .... le bus.
boire : .... ce jus d'orange.
comprendre : .... la leçon.
connaître : .... les tables de multiplication.
croire : .... ce que nos parents nous disent.
découvrir : .... ce beau livre.
écrire : .... à un ami.
entendre : .... le signal.
être : .... calmes.
faire : .... un trou.
laver : .... la chaise.
lever : .... le volet.
mettre : .... le linge à sécher.
monter : .... la tente.
ouvrir : .... la fenêtre.
rendre : .... le stylo au voisin.
servir : .... les boissons.
travailler : .... sérieusement.
retrouver : .... le livre.
aller : .... le chercher.

partir : .... à temps.
manger : .... lentement.
finir : .... l'exercice.
sentir : .... le parfum de cette fleur.

C. Tu parles à plusieurs autres personnes. (2e personne du pluriel)

Exemple : apporter > Apportez un ballon.

arriver : .... à l'heure.
attendre : .... le bus.
boire : .... ce jus d'orange.
comprendre : .... la leçon.
connaître : .... les tables de multiplication.
croire : .... ce que vos parents vous disent.
découvrir : .... ce beau livre.
écrire : .... à un ami.
entendre : .... le signal.
être : .... calmes.
faire : .... un trou.
laver : .... la chaise.
lever : .... le volet.
mettre : .... le linge à sécher.
monter : .... la tente.
ouvrir : .... la fenêtre.
rendre : .... le stylo au voisin.
servir : .... les boissons.
travailler : .... sérieusement.
retrouver : .... le livre.

aller : .... le chercher.
partir : .... à temps.
manger : .... lentement.
finir : .... l'exercice.
sentir : .... le parfum de cette fleur.

Pour aller plus loin

1 **Conjugue les verbes selon les indications.**

aller

Présent de l'indicatif Tu .... chez une amie.
Vous .... chez une amie.
Elles .... chez une amie.

Imparfait de l'indicatif J'.................................. chez une amie.
Ils .... chez une amie.

Futur simple de l'ind. J'.................................. chez une amie.
Nous .... chez une amie.
Ils .... chez une amie.

Passé composé de l'ind. Elle .... chez une amie.
Vous................................ chez une amie.

arriver

Présent de l'indicatif Tu .... à destination.
Nous .... à destination.
Ils .... à destination.

Imparfait de l'indicatif J'.. à destination.
Ils .... à destination.

Futur simple de l'ind. Elle .... à destination.
Elles .... à destination.

Passé composé de l'ind. Il .... à destination.
Elles .... à destination.

Impératif présent ;
tu parles à une autre personne .... à l'heure.

2 Conjugue les verbes selon les indications.

avoir

Présent de l'indicatif J' .... un nouveau jeu vidéo.

Tu .... un nouveau jeu vidéo.

Elles .... un nouveau jeu vidéo.

Imparfait de l'indicatif Tu .... un nouveau jeu vidéo.

Vous .... un nouveau jeu vidéo.

Futur simple de l'ind. Tu ....un nouveau jeu vidéo.

Ils .... un nouveau jeu vidéo.

Passé composé de l'ind. Tu .... un nouveau jeu vidéo.

Elles .... un nouveau jeu vidéo.

Impératif présent ; tu parles à plusieurs autres personnes

.... un nouveau jeu vidéo.

boire

Présent de l'indicatif Je .... une limonade.

Nous .... une limonade.

Elles .... une limonade.

Imparfait de l'indicatif Tu .... une limonade.

Vous .... une limonade.

Futur simple de l'ind. Elle .... une limonade.

Nous .... une limonade.

Passé composé de l'ind. Tu .... une limonade.

Ils .... une limonade.

Impératif présent ;
tu parles à une autre personne .... une limonade.

3 Conjugue les verbes selon les indications.

comprendre

Présent de l'indicatif Je ………………………… ce livre.

Elle ………………………… ce livre.

Ils ………………………… ce livre.

Imparfait de l'indicatif Tu ………………………… ce livre.

Vous ………………………… ce livre.

Futur simple de l'ind. Elle ………………………… ce livre.

Vous ………………………… ce livre.

Passé composé de l'ind. J'………………………… ce livre.

Impératif présent ;

tu parles à une autre personne ………………………… ce livre.

tu parles à plusieurs personnes ………………………… ce livre.

connaître

Présent de l'indicatif Je ………………………… cette personne.

Nous ………………………… cette personne.

Elles ………………………… cette personne.

Imparfait de l'indicatif Il ………………………… cette personne.

Vous ………………………… cette personne.

Futur simple de l'ind. Tu ………………………… cette personne.

Ils ………………………… cette personne.

Passé composé de l'ind. Elles ………………………… cette personne.

Impératif présent ;

tu parles à une autre personne ………………………… cette personne.

tu parles à plusieurs personnes ………………………… cette personne.

4 Conjugue les verbes selon les indications.

courir

Présent de l'indicatif	Je .... après le ballon.
	Elle .... après le ballon.
	Ils .... après le ballon.
Imparfait de l'indicatif	Il .... après le ballon.
	Vous .... après le ballon.
Futur simple de l'ind.	Tu .... après le ballon.
	Nous .... après le ballon.
Passé composé de l'ind.	Elle .... après le ballon.
Impératif présent ;	
tu parles à une autre personne	.... après le ballon.
tu parles à plusieurs personnes	.... après le ballon.

croire

Présent de l'indicatif	Je .... cette nouvelle.
	Nous .... cette nouvelle.
	Elles .... cette nouvelle.
Imparfait de l'indicatif	Tu .... cette nouvelle.
	Vous .... cette nouvelle.
Futur simple de l'ind.	Elle .... cette nouvelle.
	Nous .... cette nouvelle.
Passé composé de l'ind.	Ils .... cette nouvelle.
Impératif présent ;	
tu parles à une autre personne	.... cette nouvelle.
tu parles à plusieurs personnes	.... cette nouvelle.

5 Conjugue les verbes selon les indications.

descendre

Présent de l'indicatif	Je .... du mur.
	Elle ....du mur.
	Nous .... du mur.
Imparfait de l'indicatif	Tu .... du mur.
	Vous .... du mur.
Futur simple de l'ind.	Elle .... du mur.
	Ils .... du mur.
Passé composé de l'ind.	Elle .... du mur.
Impératif présent ;	
tu parles à une autre personne	.... du mur.
tu parles à plusieurs personnes	.... du mur.

devenir

Présent de l'indicatif	Tu .... un bon nageur.
	Elle .... une bonne nageuse.
	Vous .... de bons nageurs.
Imparfait de l'indicatif	Je .... un bon nageur.
	Elles .... de bonnes nageuses.
Futur simple de l'ind.	Elle .... une bonne nageuse.
	Nous .... de bons nageurs.
Passé composé de l'ind.	Elle .... une bonne nageuse.
Impératif présent ;	
tu parles à une autre personne	.... un bon nageur.
tu parles à plusieurs personnes	.... de bonnes nageuses.

6 Conjugue les verbes selon les indications.

dire

Présent de l'indicatif Je .... la vérité.
Vous .... la vérité.
Elles .... la vérité.

Imparfait de l'indicatif Il .... la vérité.
Vous .... la vérité.

Futur simple de l'ind. Tu .... la vérité.
Ils .... la vérité.

Passé composé de l'ind. Tu .... la vérité.

Impératif présent ;
tu parles à une autre personne .... la vérité.
tu parles à plusieurs personnes .... la vérité.

dormir

Présent de l'indicatif Tu .... dans un lit douillet.
Elle .... dans un lit douillet.
Vous .... dans un lit douillet.

Imparfait de l'indicatif Je .... dans un lit douillet.
Elles .... dans un lit douillet.

Futur simple de l'ind. Je .... dans un lit douillet.
Vous .... dans un lit douillet.

Passé composé de l'ind. Nous .... dans un lit douillet.

Impératif présent ;
tu parles à une autre personne .... dans un lit douillet.
tu parles à plusieurs personnes .... dans un lit douillet.

7 Conjugue les verbes selon les indications.

écrire

Présent de l'indicatif J' .... soigneusement.
Nous .... soigneusement.
Elles .... soigneusement.

Imparfait de l'indicatif Il .... soigneusement.
Vous .... soigneusement.

Futur simple de l'ind. Tu .... soigneusement.
Ils .... soigneusement.

Passé composé de l'ind. Elles .... soigneusement.

Impératif présent ;
tu parles à une autre personne .... soigneusement.
tu parles à plusieurs personnes .... soigneusement.

être

Présent de l'indicatif Je .... en CP.
Nous .... en CP.
Vous .... en CP.

Imparfait de l'indicatif Tu .... en CP.
Elles .... en CP.

Futur simple de l'ind. Il .... en CP.
Vous .... en CP.

Passé composé de l'ind. Nous .... sages.

Impératif présent ;
tu parles à une autre personne .... sage.
tu parles à plusieurs personnes .... sages.

8 Conjugue les verbes selon les indications.

faire

Présent de l'indicatif	Elle .... un bouquet de fleurs.
	Vous .... un bouquet de fleurs.
	Ils .... un bouquet de fleurs.
Imparfait de l'indicatif	Tu .... un bouquet de fleurs.
	Nous .... un bouquet de fleurs.
Futur simple de l'ind.	Je .... un bouquet de fleurs.
	Vous .... un bouquet de fleurs.
Passé composé de l'ind.	Elles .... un bouquet de fleurs.
Impératif présent ;	
tu parles à une autre personne	.... un bouquet de fleurs.
tu parles à plusieurs personnes	.... un bouquet de fleurs.

finir

Présent de l'indicatif	Je .... la préparation.
	Elle .... la préparation.
	Vous .... la préparation.
Imparfait de l'indicatif	Tu .... la préparation.
	Ils .... la préparation.
Futur simple de l'ind.	Tu .... la préparation.
	Elles .... la préparation.
Passé composé de l'ind.	Ils .... la préparation.
Impératif présent ;	
tu parles à une autre personne	.... la préparation.
tu parles à plusieurs personnes	.... la préparation.

9 Conjugue les verbes selon les indications.

lire

Présent de l'indicatif	Je .... le mode d'emploi.
	Elle ....le mode d'emploi.
	Vous ....le mode d'emploi.
Imparfait de l'indicatif	Tu ....le mode d'emploi.
	Elles ....le mode d'emploi.
Futur simple de l'ind.	Je ....le mode d'emploi.
	Vous ....le mode d'emploi.
Passé composé de l'ind.	Nous ....le mode d'emploi.
Impératif présent ;	
tu parles à une autre personne	.... le mode d'emploi.
tu parles à plusieurs personnes	.... le mode d'emploi.

manger

Présent de l'indicatif	Je .... une pomme.
	Nous .... une pomme.
	Elles .... une pomme.
Imparfait de l'indicatif	Tu .... une pomme.
	Ils .... une pomme.
Futur simple de l'ind.	Il .... une pomme.
	Vous .... une pomme.
Passé composé de l'ind.	Tu.. une pomme.
Impératif présent ;	
tu parles à une autre personne	.... une pomme.
tu parles à plusieurs personnes	.... une pomme.

10 Conjugue les verbes selon les indications.

mettre

Présent de l'indicatif Je .... un pull.
Vous .... un pull.
Elles .... un pull.

Imparfait de l'indicatif Tu .... un pull.
Nous .... un pull.

Futur simple de l'ind. Il .... un pull.
Elles .... un pull.

Passé composé de l'ind. Tu .... un pull.

Impératif présent ;

tu parles à une autre personne .... un pull.

tu parles à plusieurs personnes .... un pull.

passer

Présent de l'indicatif Je .... un tour.
Tu .... un tour.
Nous .... un tour.

Imparfait de l'indicatif Elle .... un tour.
Ils .... un tour.

Futur simple de l'ind. Nous .... un tour.
Ils .... un tour.

Passé composé de l'ind. Tu .... un tour.

Impératif présent ;

tu parles à une autre personne .... un tour.

tu parles à plusieurs personnes .... un tour.

11 Conjugue les verbes selon les indications.

partir

Présent de l'indicatif	Je .... à l'école.
	Elle .... à l'école.
	Vous .... à l'école.
Imparfait de l'indicatif	Tu .... à l'école.
	Elles .... à l'école.
Futur simple de l'ind.	Il .... à l'école.
	Vous .... à l'école.
Passé composé de l'ind.	Elle .... à l'école.
Impératif présent ;	
tu parles à une autre personne	.... à l'école.
tu parles à plusieurs personnes	.... à l'école.

perdre

Présent de l'indicatif	Tu .... la partie.
	Elle .... la partie.
	Nous .... la partie.
Imparfait de l'indicatif	Je .... la partie.
	Ils .... la partie.
Futur simple de l'ind.	Tu .... la partie.
	Vous .... la partie.
Passé composé de l'ind.	Nous .... la partie.
Impératif présent ;	
tu parles à une autre personne	.... la partie.
tu parles à plusieurs personnes	.... la partie.

12 Conjugue les verbes selon les indications.

prendre

Présent de l'indicatif Je .... un dessert.

Elle .... un dessert.

Ils .... un dessert.

Imparfait de l'indicatif Tu .... un dessert.

Vous .... un dessert.

Futur simple de l'ind. Je .... un dessert.

Nous .... un dessert.

Passé composé de l'ind. J'................................. un dessert.

Impératif présent ;

tu parles à une autre personne .... un dessert.

tu parles à plusieurs personnes .... un dessert.

sentir

Présent de l'indicatif Tu .... le vent.

Elle .... le vent.

Vous .... le vent.

Imparfait de l'indicatif Nous .... le vent.

Elles .... le vent.

Futur simple de l'ind. Tu .... le vent.

Vous .... le vent.

Passé composé de l'ind. Elles .... le vent.

Impératif présent ;

tu parles à une autre personne .... le vent.

tu parles à plusieurs personnes .... le vent.

13 Conjugue les verbes selon les indications.

tenir

Présent de l'indicatif Tu .... le guidon du vélo.
Elle .... le guidon du vélo.
Ils .... le guidon du vélo.

Imparfait de l'indicatif Je .... le guidon du vélo.
Nous .... le guidon du vélo.

Futur simple de l'ind. Il .... le guidon du vélo.
Vous .... le guidon du vélo.

Passé composé de l'ind. Tu .... le guidon du vélo.

Impératif présent ;
tu parles à une autre personne .... le guidon du vélo.
tu parles à plusieurs personnes .... le guidon du vélo.

trouver

Présent de l'indicatif Je .... des noisettes.
Tu .... des noisettes.
Vous .... des noisettes.

Imparfait de l'indicatif Elle .... des noisettes.
Nous .... des noisettes.

Futur simple de l'ind. Tu .... des noisettes.
Elles .... des noisettes.

Passé composé de l'ind. Il .... des noisettes.

Impératif présent ;
tu parles à une autre personne .... des noisettes.
tu parles à plusieurs personnes .... des noisettes.

14 Conjugue les verbes selon les indications.

vendre

Présent de l'indicatif	Elle .... des billets de tombola.

Nous .... des billets de tombola.

Ils .... des billets de tombola.

Imparfait de l'indicatif	Je .... des billets de tombola.

Vous .... des billets de tombola.

Futur simple de l'ind.	Je .... des billets de tombola.

Vous .... des billets de tombola.

Passé composé de l'ind.	Tu .... des billets de tombola.

Impératif présent ;

tu parles à une autre personne .... des billets de tombola.

tu parles à plusieurs personnes .... des billets de tombola.

venir

Présent de l'indicatif	Je .... te saluer.

Nous .... te saluer.

Elles .... te saluer.

Imparfait de l'indicatif	Tu .... le saluer.

Vous .... le saluer.

Futur simple de l'ind.	Elle .... te saluer.

Ils .... te saluer.

Passé composé de l'ind.	Ils .... te saluer.

Impératif présent ;

tu parles à une autre personne .... le saluer.

tu parles à plusieurs personnes .... le saluer.

15 Conjugue les verbes selon les indications.

acheter

Présent de l'indicatif Tu .... le journal.
Nous .... le journal.
Elles .... le journal.
Imparfait de l'indicatif J'.. le journal.
Vous .... le journal.
Futur simple de l'ind. Elle .... le journal.
Nous .... le journal.
Passé composé de l'ind. Ils .... le journal.
Impératif présent ;
tu parles à une autre personne .... le journal.
tu parles à plusieurs personnes .... le journal.

commencer

Présent de l'indicatif Je .... un dessin.
Nous .... un dessin.
Ils .... un dessin.
Imparfait de l'indicatif Elle .... un dessin.
Vous .... un dessin.
Futur simple de l'ind. Tu .... un dessin.
Elles .... un dessin.
Passé composé de l'ind. Il .... un dessin.
Impératif présent ;
tu parles à une autre personne .... un dessin.
tu parles à plusieurs personnes .... un dessin.

16 Conjugue les verbes selon les indications.

étudier

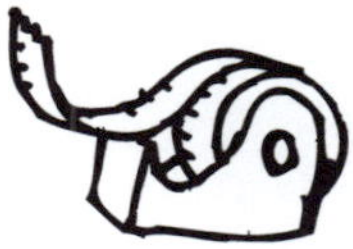

Présent de l'indicatif	J' .... un poème.
	Nous .... un poème.
	Elles .... un poème.
Imparfait de l'indicatif	J'................................ un poème.
	Ils .... un poème.
Futur simple de l'ind.	Tu .... un poème.
	Elles .... un poème.
Passé composé de l'ind.	Nous .... un poème.
Impératif présent ;	
tu parles à une autre personne	.... un poème.
tu parles à plusieurs personnes	.... un poème.

travailler

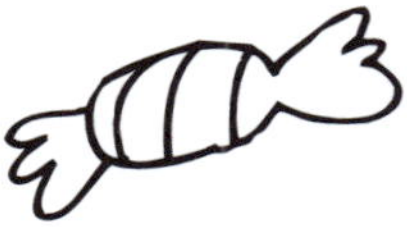

Présent de l'indicatif	Tu .... beaucoup.
	Elle .... beaucoup.
	Vous .... beaucoup.
Imparfait de l'indicatif	Je .... beaucoup.
	Ils .... beaucoup.
Futur simple de l'ind.	Je .... beaucoup.
	Nous .... beaucoup.
Passé composé de l'ind.	Tu .... beaucoup.
Impératif présent ;	
tu parles à une autre personne	.... beaucoup.
tu parles à plusieurs personnes	.... beaucoup.

CORRIGÉS

Conseils d'utilisation à l'attention des parents

En CP, la conjugaison est surtout orale. C'est pour cette raison que nous avons composé de nombreux exercices de type « **Relie ce qui va ensemble** ».

Pour les phrases à compléter, toujours commencer par l'oral puis écrire.

Nous préconisons la démarche suivante :

1. Lire avec l'enfant la 2e colonne.
2. Lire «Je»; faire dire la réponse.
3. Rechercher la réponse et relier.
4. Passer à la personne suivante.

Vous trouverez à la fin du livre des pages supplémentaires pour anticiper le CE1.

Nous vous souhaitons un bon travail.

LE PRÉSENT

1 Les verbes comme CHANTER avec je - tu.

OBSERVE :
Je chante
Tu chantes

A. Relie ce qui va ensemble.

Je — roule à vélo. / joue dans le salon. / parle à un ami. / regarde une image.
Tu — parles à un ami. / regardes une image. / joues dans le salon. / roules à vélo.

B. Relie ce qui va ensemble.

Je — dessine une maison. / goûte un chocolat. / déchire un papier.
Tu — dessines une maison. / goûtes un chocolat. / déchires un papier.

C. Relie ce qui va ensemble.

Je/J' — ferme la porte. / éclaire la chambre.
Tu — fermes la porte. / laves la tasse. / éclaires la chambre.

CORRIGÉS

2 Les verbes comme CHANTER avec tu - il/elle.

OBSERVE :

Tu chant**es**
Il
Elle
On
Oscar
} chant**e**

A. Relie ce qui va ensemble.

Tu
Il

parles à un ami.
regarde une image.
joue dans le salon.
parle à un ami.
regardes une image.
joues dans le salon.

B. Relie ce qui va ensemble.

Tu
Elle

dessine une maison.
goûte un chocolat.
dessines une maison.
déchires un papier.
goûtes un chocolat.
déchire un papier.

C. Relie ce qui va ensemble.

Tu
Louis

fermes la porte.
laves la tasse.
ferme la porte.
lave la tasse.
éclaires la chambre.
éclaire la chambre.

3 Les verbes comme CHANTER avec je - tu - il/elle.

OBSERVE :

Je chant**e**
Tu chant**es**
Il, elle, on chant**e**

A. Relie ce qui va ensemble.

Je
Tu
Elle

roule à vélo.
parles à un ami.
regarde une image.
joue dans le salon.
parle à un ami.
regardes une image.
joues dans le salon.

B. Relie ce qui va ensemble.

Je
Tu
Il

dessine une maison.
goûte un chocolat.
dessines une maison.
déchires un papier.
déchire un papier.
goûtes un chocolat.

C. Relie ce qui va ensemble.

Je/J'
Lucas
Tu

fermes la porte.
laves la tasse.
ferme la porte.
lave la tasse.
éclaires la chambre.
éclaire la chambre.

CORRIGÉS

4 Les verbes comme CHANTER avec je - tu - il/elle.

A. Complète par je ou tu.

.....**Tu**..... aimes regarder de la danse. .....**Tu**..... regardes un beau match. .....**Je**....... parle à la voisine. .....**Je**....... ferme la porte. .....**Tu**....... parles au voisin. ....**Tu**..... fermes la porte. ....**Tu**...... roules à vélo. .....**Je**........déchire un papier.

B. Complète par tu ou il/elle.

..**Il/elle**.. aime regarder de la danse. ....**Tu**..... regardes un beau match. ......**Tu**..... parles à la voisine. ...**Il/elle**.. ferme la porte. ..**Il/elle**... parle au voisin. ....**Tu**.... fermes la porte. ..**Il/elle**... roule à vélo. ....**Tu**.....déchires un papier. ....**Tu**....... roules à vélo. ...**Il/elle**.. déchire un papier.

C. Relie ce qui va ensemble.

Je/J'

Tu

Il/elle/on

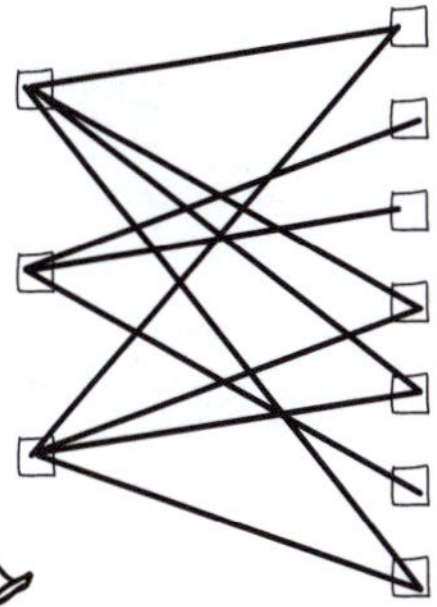

lave une assiette.

goûtes un chocolat.

laves une assiette.

éclaire la chambre.

goûte un chocolat.

éclaires la chambre.

aime regarder la TV.

D. Ajoute e ou es.

Grand-mère port**e**..... un chapeau. Tu cir.**es**.... les souliers. Tu jou.**es**... dans la cave. Elle roul.**e**..... à vélo.

Je lav.**e**...... l'assiette. Il aid.**e**...... une amie.

Tu écout.**es**... la radio. Tu ferm.**es**. le frigo.

On mang.**e**....... des épinards. Tu roul.**es**.... à vélo.

Je cir.**e**...... les souliers. Il cir.**e**....... les souliers.

CORRIGÉS

5 Les verbes comme CHANTER avec il/elle - ils/elles.

OBSERVE :
Il, elle, on, Oscar chant**e**
Ils, elles, Oscar et Sarah chant**ent**

A. Relie ce qui va ensemble.

On / Elles

- parle à un ami.
- regardent une image.
- joue dans le salon.
- parlent à un ami.
- regarde une image.
- jouent dans le salon.

B. Relie ce qui va ensemble.

Elle / Ils

- dessine une maison.
- goûte un chocolat.
- dessinent une maison.
- déchirent un papier.
- goûtent un chocolat.
- déchire un papier.

C. Relie ce qui va ensemble.

Dorothée / Vicki et Marc

- ferment la porte.
- lavent la tasse.
- ferme la porte.
- lave la tasse.
- éclairent la chambre.
- éclaire la chambre.

6 Les verbes comme CHANTER avec nous - vous.

OBSERVE :
Nous, Luc et moi chant**ons**
Vous, Louis et toi chant**ez**

A. Relie ce qui va ensemble.

Nous / Vous

- parlez à un ami.
- regardons une image.
- jouons dans le salon.
- parlons à un ami.
- regardez une image.
- jouez dans le salon.

B. Relie ce qui va ensemble.

Nous / Vous

- dessinons une maison.
- goûtez un chocolat.
- dessinez une maison.
- déchirons un papier.
- goûtons un chocolat.
- déchirez un papier.

C. Relie ce qui va ensemble.

Nous / Vous

- fermons la porte.
- lavons la tasse.
- fermez la porte.
- lavez la tasse.
- éclairez la chambre.
- éclairons la chambre.

CORRIGÉS

7 Les verbes comme CHANTER avec toutes les personnes.

A. Relie ce qui va ensemble.

Je	joues dans le parc.
Tu	jouez dans le parc.
Il	joue dans le parc.
Nous	jouent dans le parc.
Vous	jouons dans le parc.
Elles	

B. Relie ce qui va ensemble.

Je	racontons une histoire.
Tu	raconte une histoire.
Fabian	racontent une histoire.
Nous	racontes une histoire.
Vous	racontez une histoire.
Marc et Paul	

C. Relie ce qui va ensemble.

Je	
Tu	
Alexis	prépare le jeu.
Louis et moi	prépares le jeu.
Marc et toi	préparons le jeu.
Amélie et son frère	préparent le jeu.
Nous	préparez le jeu.
Vous	
Elles	

Le verbe AVOIR

A. Relie ce qui va ensemble.

	ai une poire.
J'	as un sac à dos.
	ai un vélo.
	as un vélo.
Tu	ai un sac à dos.
	as une poire.

B. Relie ce qui va ensemble.

	as une pomme.
Tu	a une pomme.
	ai des bottines.
J'	as un nouveau stylo.
	a des bottines.
Elle/Il	ai une pomme.
	a un nouveau stylo.

CORRIGÉS

Le verbe AVOIR (suite)

A. Relie ce qui va ensemble.

Il/elle — Ils/elles

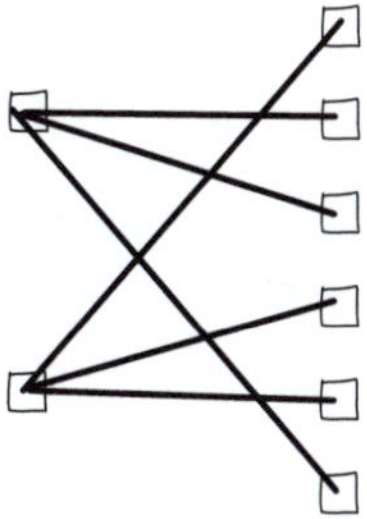

- ont une poire
- a un sac à dos.
- a un vélo.
- ont un vélo.
- ont un sac à dos.
- a une poire.

B. Relie ce qui va ensemble.

Nous — Vous — Elles/Ils

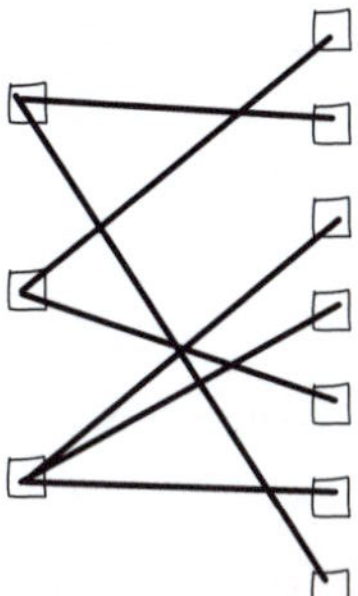

- avez une pomme.
- avons une pomme.
- ont des bottines.
- ont un nouveau stylo.
- avez des bottines.
- ont une pomme.
- avons un nouveau stylo.

C. Ajoute j', tu ou il/elle.

....**J'**... ai un petit chien. ..**Tu**.. as beaucoup d'amis.

..**Tu**.. as un achat à faire. ..**Il**... a un achat à faire.

..**Il**... a un jeans bleu. .....**J'**.. ai une BD à lire.

D. Ajoute ai, as ou a.

J' .**ai**.... un achat à faire.

Elle .**a**...... beaucoup d'amies.

Sabrina .**a**..... des cheveux courts.

Julie **a**...... un cartable rouge.

J' .**ai**.... un cartable rouge.

Tu .**as**.... un train électrique.

Il ..**a**..... chaud.

Tu .**as**.... un petit chien.

CORRIGÉS

Le verbe AVOIR (suite)

A. Relie ce qui va ensemble.

J'	avons faim.
Tu	as faim.
Ton ami	ai une guitare.
Luc et moi, nous	ont faim.
Anaïs et toi, vous	a une guitare.
Les filles	avez une guitare.

B. Complète en choisissant ci-dessous.

Ma sœur - J' - Tu - Charlotte et moi - Quelques enfants - Elle et toi

……**Elle et toi**…… avez une bague.

……**Quelques enfants**…… ont une bague.

……**J'**…… ai une bague.

……**Ma sœur**…… a une bague.

……**Tu**…… as une bague.

……**Charlotte et moi**…… avons une bague.

C. Ajoute nous, vous ou ils/elles.

Nous. avons un petit chien. **Vous**… avez beaucoup d'amis. **Vous**… avez un achat à faire. ..**Ils/Elles**… ont un achat à faire. **Ils/Elles**.. ont un jeans bleu. **Nous**. avons une BD à lire.

D. Ajoute avons, avez ou ont.

Nous …**avons**…… un achat à faire. Vous ….**avez**……… un petit chien. Elles ….**ont**……… beaucoup d'amies. Sabrina et moi ….**avons**….. chaud. Julie et toi ….**avez**……. un cartable rouge. Nous …**avons**…… un cartable rouge. Nous ….**avons**….. un train électrique. Ils ……**ont**……. chaud.

CORRIGÉS

Le verbe ÊTRE

A. Relie ce qui va ensemble.

- Je → suis à l'école.
- Je → suis sage.
- Tu → es sage.
- Tu → es à l'école.

B. Relie ce qui va ensemble.

- Tu → es en retard.
- Tu → es amusante.
- Il → est amusant.
- Il → est gentil.
- Elle → est gentille.

C. Complète avec le verbe avoir.

Vous ....**avez**............. les félicitations de vos parents.

Sarah et moi ....**avons**.......... envie d'une boisson.

Tu **as**............. mal à la tête.

Sam et toi ......**avez**............... le même cartable.

Nous ....**avons**.............. une journée ensoleillée.

Leila et son amie ....**ont**.......... des tresses.

Toi et moi ....**avons**......... les yeux bruns.

J'.....**ai**............. une voiture. Elles .**ont**............. une belle veste. Clara ....**a**......... le bras cassé.

Sacha ..**a**................ un rhume. Ils .....**ont**....... soif.

Il ....**a**.............. beaucoup de livres.

La danseuse ....**a**................ de la grâce.

CORRIGÉS

Le verbe ÊTRE (suite)

A. Relie ce qui va ensemble.

Je	suis assis(e).
Tu	es assis(e).
Elle	est assise.
Il	est assis.
Nous	sommes assis(es).
Vous	êtes assis(es).
Ils	sont assis.
Elles	sont assises.

B. Complète par tu, il ou elle.

...**Tu**.... es en vacances. ...**Elle**... est délicieuse. ...**Elle**.... est partie en ville. ...**Tu**.... es généreuse. ...**Elle**... est généreuse. ...**Il**...... est impatient de recevoir son cadeau. ...**Tu**.... es impatiente de le revoir. ...**Elle**.... est impatiente de te revoir. **Il/Elle** est à la mer. ...**Tu**.... es capable d'écrire sans faute.

C. Complète par suis, es ou est.

Tu ....**es**............ souffrant.

Il ....**est**.......... souffrant.

Elle ...**est**.................... chez son frère.

Je ..**suis**......... ton ami.

Je ....**suis**........... en classe.

Tu .....**es**......... courageuse.

Elle ....**est**......... heureuse de ta visite.

Elle .....**est**........ prudente à vélo.

Je ....**suis**....... en retard.

Tu .....**es**..... devant la gare.

D. Relie ce qui va ensemble.

Nous (garçons)	sommes amusants.
Nous (filles)	sommes amusantes.
Vous (garçons)	êtes amusants.
Vous (filles)	êtes amusantes.
Ils	sont amusants.
Elles	sont amusantes.

CORRIGÉS

C. Complète par es, est ou sont.

Elle ....est.......... près du radiateur. Ils ...sont..........
près du radiateur. Tu ....es........... près du radiateur.
On ....est.......... près de toi. Elles ....sont.... certaines de
venir. Il ......est......... certain de venir. Elles ......sont......
inquiètes. Ils ....sont..... inquiets. Tu ....es............
inquiet. Tu ....es........ inquiète.

D. Complète en choisissant ci-dessous.

La voiture - Elle - Tu - Pierre et moi - Quelques enfants - Elle et toi

La voiture.. est en panne.

...................**Elle**....est gentille.

Pierre et moi.. sommes obéissants.

Quelques enfants.. sont contents.

...............**Tu**... es dans la salle de bains.

...........**Elle et toi**... êtes au cinéma.

Le verbe ALLER

A. Relie ce qui va ensemble.

Je	va en voyage.
Tu	vais en voyage.
Il/elle	allons en voyage.
Nous	vas en voyage.
Vous	vont en voyage.
Ils/Elles	allez en voyage.

B. Relie ce qui va ensemble.

Je	
Tu	va chez le primeur.
David	vas chez le primeur.
Il	vais chez le primeur.
On	allez chez le primeur.
Anne et moi	vont chez le primeur.
Louis et son frère	allons chez le primeur.
Marc et toi	

C. Conjugue le verbe ALLER.

Tu ......vas....... au cinéma avec tes parents. Vous ......allez....... chez le boulanger. Elle ......va......... au cinéma avec ses parents. Je ....vais..... dans la voiture. Le chien ....va........ dans sa niche. Nous ....allons.......... chez le coiffeur. Tu ....vas....... chez la coiffeuse. Laure ....va.......... dans sa chambre. Elles ....vont.......... à la mer. Je ....vais.......... en excursion. Ils...........vont............ quelques jours en vacances.

CORRIGÉS

Le verbe FAIRE

A. Relie ce qui va ensemble.

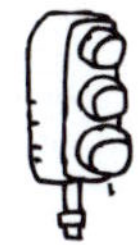

- Je — fais du potage.
- Tu — fais du potage.
- Il/elle — fait du potage.
- Nous — faisons du potage.
- Vous — faites du potage.
- Ils/Elles — font du potage.

B. Relie ce qui va ensemble.

- Je — fais un dessin.
- Tu — fais un dessin.
- Tom — fait un dessin.
- Il — fait un dessin.
- On — fait un dessin.
- Laure et moi — faisons un dessin.
- David et son frère — font un dessin.
- Damien et toi — faites un dessin.

C. Conjugue le verbe FAIRE.

Elle **fait** une erreur dans le calcul. Nous **faisons** du feu. Clara et Sarah **font** leur lit. Tu **fais** une erreur dans le calcul. Je **fais** une découverte. Vous **faites** de la lumière. Elles **font** un bouquet de fleurs. Tu **fais** un jus de fruits. Vous **faites** un bouquet de fleurs. Myra et Boris **font** un trou dans le sable. Lena **fait** son lit. Toi et moi **faisons** une découverte.

Les verbes comme FINIR

A. Relie ce qui va ensemble.

- Je — finis le travail.
- Tu — finis le travail.
- Il/elle — finit le travail.
- Nous — finissons le travail.
- Vous — finissez le travail.
- Ils/Elles — finissent le travail.

B. Relie ce qui va ensemble.

- Je — finis le dessert.
- Tu — finis le dessert.
- Elsa — finit le dessert.
- Il — finit le dessert.
- On — finit le dessert.
- Manon et moi — finissons le dessert.
- Fred et son frère — finissent le dessert.
- Patrick et toi — finissez le dessert.

C. Conjugue le verbe FINIR.

Je **finis** la lecture.
Vous **finissez** la lecture.
Le marchand **finit** son étalage.
Les marchands **finissent** leur étalage.
Anne et toi **finissez** le rangement.
Raïssa et moi **finissons** le rangement.

CORRIGÉS

Le verbe LIRE

A. Relie ce qui va ensemble.

Je	lis un livre.
Tu	lis un livre.
Il/Elle	lit un livre.
Nous	lisons un livre.
Vous	lisez un livre.
Ils/Elles	lisent un livre.

B. Conjugue le verbe LIRE.

Pierre ......**lit**............ une publicité.

Je ....**lis**.............. un texte.

Vous ....**lisez**............... une histoire.

Nous .....**lisons**........ une recette.

Elles ...**lisent**............ un texte.

Tu ....**lis**........... une recette.

Le verbe DIRE

A. Relie ce qui va ensemble.

Je	dis bonjour.
Tu	dis bonjour.
Il/Elle	dit bonjour.
Nous	disons bonjour.
Vous	dites bonjour.
Ils/Elles	disent bonjour.

B. Conjugue le verbe DIRE.

Tu ......**dis**............... la vérité.

Myra et toi ....**dites**........ bonsoir.

Nous ......**disons**.......... la vérité.

Lucas et Enzo ....**disent**......... bonsoir.

Clara ....**dit**........... la vérité.

Boris et moi ....**disons**.................. la vérité.

Je ....**dis**..................... bonsoir.

CORRIGÉS

Le verbe ÉCRIRE

A. Relie ce qui va ensemble.

J'	écrivons une lettre.
Tu	écris une lettre.
Il/Elle	écrivez une lettre.
Nous	écrit une lettre.
Vous	écrivent une lettre.
Ils/Elles	

B. Conjugue le verbe ÉCRIRE.

Tu ....**écris**.... à ton amie.

Vous ....**écrivez**.... à votre amie.

J' ....**écris**.... à mon amie.

Elles ....**écrivent**.... à leur amie.

Nous ....**écrivons**.... à notre amie.

Il ....**écrit**.... à son amie.

Le verbe METTRE

A. Relie ce qui va ensemble.

Je	met du sel dans le potage.
Tu	mettez du sel dans le potage.
Il/Elle	mets du sel dans le potage.
Nous	mettent du sel dans le potage.
Vous	mettons du sel dans le potage.
Ils/Elles	

B. Conjugue le verbe METTRE.

Nous ....**mettons**.... une nappe sur la table.

Je ....**mets**.... une nappe sur la table.

Vous ....**mettez**.... une nappe sur la table.

Elles ....**mettent**.... une nappe sur la table.

Il ....**met**.... une nappe sur la table.

Tu ....**mets**.... une nappe sur la table.

CORRIGÉS

Le verbe OUVRIR

A. Relie ce qui va ensemble.

- J' — ouvre la fenêtre.
- Tu — ouvres la fenêtre.
- Il/Elle — ouvre la fenêtre.
- Nous — ouvrons la fenêtre.
- Vous — ouvrez la fenêtre.
- Ils/Elles — ouvrent la fenêtre.

B. Conjugue le verbe OUVRIR.

Tu ....**ouvres**......... le tiroir.

Il ....**ouvre**............ le tiroir.

Elles ..**ouvrent**........... le tiroir.

Vous ......**ouvrez**.......... le tiroir.

Nous ...**ouvrons**.......... le tiroir.

J'.......**ouvre**............ le tiroir.

Le verbe DORMIR

A. Relie ce qui va ensemble.

- Je — dors la fenêtre ouverte.
- Tu — dors la fenêtre ouverte.
- Il/Elle — dort la fenêtre ouverte.
- Nous — dormons la fenêtre ouverte.
- Vous — dormez la fenêtre ouverte.
- Ils/Elles — dorment la fenêtre ouverte.

B. Conjugue le verbe DORMIR.

Inès et Manon .....**dorment**......... dans un lit confortable.

Louis et toi .....**dormez**............. dans un lit confortable.

Nous ....**dormons**........ dans un lit confortable.

Je ....**dors**........... dans un lit confortable.

Elle ....**dort**........................... dans un lit confortable.

CORRIGÉS

Le verbe DEVOIR

A. Relie ce qui va ensemble.

Je	dois éteindre la TV.
Tu	devons éteindre la TV.
Il/Elle	devez éteindre la TV.
Nous	doivent éteindre la TV.
Vous	doit éteindre la TV.
Ils/Elles	

B. Conjugue le verbe DEVOIR.

Elle ......**doit**.......... ranger la vaisselle.

Tu ....**dois**.......... ranger la vaisselle.

Sam et Ludovic ....**doivent**....... ranger la vaisselle.

Nous ....**devons**........ ranger la vaisselle.

Vous ...**devez**............ ranger la vaisselle.

Ils ....**doivent**...... ranger la vaisselle.

Je .....**dois**.............. ranger la vaisselle.

Le verbe VOIR

A. Relie ce qui va ensemble.

Je	voit un oiseau sur la branche.
Tu	voyons un oiseau sur la branche.
Il/Elle	vois un oiseau sur la branche.
Nous	voient un oiseau sur la branche.
Vous	voyez un oiseau sur la branche.
Ils/Elles	

B. Conjugue le verbe VOIR.

Ils ....**voient**.............. un arc-en-ciel.

Nous ....**voyons**................ un arc-en-ciel.

Elle.......**voit**.................... un arc-en-ciel.

Je..........**vois**..................... un arc-en-ciel.

Max et moi ....**voyons**............... un arc-en-ciel.

Tu ....**vois**............................ un arc-en-ciel.

CORRIGÉS

Le verbe SAVOIR

A. Relie ce qui va ensemble.

Je	savons répondre à la question.
Tu	savez répondre à la question.
Il/Elle	sait répondre à la question.
Nous	savent répondre à la question.
Vous	sais répondre à la question.
Ils/Elles	

B. Conjugue le verbe SAVOIR.

Elles ....**savent**....... lire.

Vous ..**savez**............ lire.

Wafa et moi ...**savons**......... lire.

Je ...**sais**.............. lire.

Tu .....**sais**............ lire.

Il .....**sait**.............. lire.

Le verbe CROIRE

A. Relie ce qui va ensemble.

Je	crois ce qu'il dit.
Tu	croyons ce qu'il dit.
Il/Elle	croient ce qu'il dit.
Nous	croit ce qu'il dit.
Vous	croyez ce qu'il dit.
Ils/Elles	

B. Conjugue le verbe CROIRE.

Je .**crois**.................... le professeur.

Tu..**crois**................... le professeur.

Clara et Florian **croient**............... le professeur.

Vous .**croyez**................. le professeur.

Elle .**croit**................... le professeur.

Nous ..**croyons**.............. le professeur.

Tes parents .....**croient**........... le professeur.

CORRIGÉS

Le verbe COMPRENDRE

A. Relie ce qui va ensemble.

Je	comprennent la leçon.
Tu	comprenons la leçon.
Il/Elle	comprenez la leçon.
Nous	comprends la leçon.
Vous	comprend la leçon.
Ils/Elles	

B. Conjugue le verbe COMPRENDRE.

Vous ....**comprenez**...... la plaisanterie.

Nous....**comprenons**... la plaisanterie.

Elle ..**comprend**........... la plaisanterie.

Ils ...**comprennent**.... la plaisanterie.

Je ...**comprends**..... la plaisanterie.

Tu ......**comprends**.......... la plaisanterie.

Le verbe POUVOIR

A. Relie ce qui va ensemble.

Je	pouvons boire une limonade.
Tu	peut boire une limonade.
Il/Elle	peuvent boire une limonade.
Nous	pouvez boire une limonade.
Vous	peux boire une limonade.
Ils/Elles	

B. Conjugue le verbe POUVOIR.

Nathan ..**peut**...................... aller jouer.

Lucas et Assim ....**peuvent**........ aller jouer.

Je ..**peux**..................... aller jouer.

Vous ..**pouvez**............................ aller jouer.

Tu ..**peux**............................... aller jouer.

Nous ..**pouvons**............ aller jouer.

CORRIGÉS

Les terminaisons des différentes personnes

1 Les terminaisons avec Je.

A. Ajoute la terminaison qui convient.

Je coup.**e**... une pomme. Je fini.**s**.... le travail. Je garni.**s**.... le sapin. Je vend..**s**... des gaufres. Je descend.**s**... les escaliers. Je di.**s**.... merci. Je dor.**s**... dans le canapé. Je voi.**s**... un oiseau. Je veu.**x**... réussir. Je sai**s**.... conjuguer. Je met.**s**... une veste. Je vai**s**.... au cinéma. Je sui..**s**.. sage. Je fai.**s**... un bouquet. J'écri.**s**... une carte.

B. Ajoute la terminaison qui convient.

Je perd..**s**... au jeu. Je prend..**s**... un médicament. Je par..**s**... à la campagne. Je li.**s**.... le mode d'emploi. Je boi.**s**.... du lait. J'ai...... soif. Je cour..**s**... vite. Je croi**s**.... ce qu'il dit. Je sor.**s**... le vélo. Je tien.**s**.... la porte. Je ri..**s**... souvent. J'achèt.**e**.... des fruits. Je travaill.**e**.... sérieusement. Je commenc.**e**... un bricolage. Je peu..**x**.. regarder la TV.

2 Les terminaisons avec Tu.

A. Ajoute la terminaison qui convient.

Tu coup.**es**. une pomme. Tu fini..**s**... le travail. Tu garni..**s**... le sapin. Tu vend.**s**.... des gaufres. Tu descend.**s**.... les escaliers. Tu di.**s**.... merci. Tu dor..**s**.. dans le canapé. Tu voi.**s**.. un oiseau. Tu veu..**x**.. réussir. Tu sai.**s**.... conjuguer. Tu met.**s**.... une veste. Tu va..**s**... au cinéma. Tu es...... sage. Tu fai..**s**... un bouquet. Tu écri..**s**... une carte.

B. Ajoute la terminaison qui convient.

Tu perd.**s**.... au jeu. Tu prend..**s**... un médicament. Tu par.**s**.... à la campagne. Tu li.**s**.... le mode d'emploi. Tu boi..**s**... du lait. Tu a..**s**.. soif. Tu cour.**s**... vite. Tu croi..**s**... ce qu'il dit. Tu sor..**s**... le vélo. Tu tien.**s**.... la porte. Tu ri..**s**... souvent. Tu achèt.**es**. des fruits. Tu travaill.**es**. sérieusement. Tu commenc.**es**. un bricolage. Tu peu.**x**... regarder la TV.

CORRIGÉS

3 Les terminaisons avec Il/Elle.

A. Ajoute la terminaison qui convient.

Il coup.**e**... une pomme. Il fini.**t**... le travail. Il garni.**t**... le sapin. Il ven.**d**.. des gaufres. Elle descen.**d**... les escaliers. Elle di.**t**... merci. Il dor.**t**... dans le canapé. Elle voi.**t**... un oiseau. Elle veu.**t**... réussir. Elle sai.**t**... conjuguer. Il met...... une veste. Elle va...... au cinéma. Elle es.**t**.... sage. Il fai.**t**... un bouquet. Il écri.**t**... une carte.

B. Ajoute la terminaison qui convient.

Il per.**d**.. au jeu. Elle pren.**d**.. un médicament. Il par..**t**... à la campagne. Elle li.**t**... le mode d'emploi. Elle boi.**t**.... du lait. Il a...... soif. Elle cour.**t**... vite. Elle croi.**t**... ce qu'il dit. Elle sor.**t**... le vélo. Elle tien.**t**... la porte. Elle ri..**t**.. souvent. Il achèt.**e**... des fruits. Il travaill..**e**... sérieusement. Il commenc.**e**... un bricolage. Elle peu.**t**..... regarder la T.V.

4 Les terminaisons avec Nous.

A. Ajoute la terminaison qui convient.

Nous coup.**ons** une pomme. Nous finiss.**ons**.. le travail. Nous garniss**ons**....... le sapin. Nous vend.**ons**..... des gaufres. Nous descend.**ons**... les escaliers. Nous dis.**ons**. merci. Nous dorm.**ons**.. dans le canapé. Nous voy.**ons**. un oiseau. Nous voul.**ons**... réussir. Nous sav.**ons**.. conjuguer. Nous mett...**ons**.. une veste. Nous all.**ons**. au cinéma. Nous somm.**es**. sages. Nous fais.**ons**. un bouquet. Nous écriv.**ons**. une carte.

B. Ajoute la terminaison qui convient.

Nous perd..**ons**. au jeu. Nous pren..**ons**.. un médicament. Nous part.**ons**. à la campagne. Nous lis.**ons**. le mode d'emploi. Nous buv.**ons**. du lait. Nous a.**vons**.. soif. Nous cour..**ons**..... vite. Nous croy..**ons**... ce qu'il dit. Nous sort.**ons**.... le vélo. Nous ten....**ons**. la porte. Nous ri.**ons**.... souvent. Nous achet.**ons**..... des fruits. Nous travaill..**ons**... .Nous commenç.**ons**. un bricolage.

CORRIGÉS

5 Les terminaisons avec Vous.

A. Ajoute la terminaison qui convient.

Vous coup.**ez** une pomme. Vous finiss**ez**. le travail.

Vous garniss.**ez**. le sapin. Vous vend**ez**. des gaufres.

Vous descend**ez**. les escaliers. Vous dit.**es**. merci.

Vous dorm**ez**. dans le canapé. Vous voy.**ez** un oiseau.

Vous voul.**ez** réussir. Vous sav.**ez** conjuguer. Vous mett.**ez**

une veste. Vous all.**ez**. au cinéma. Vous êt.**es**. sages.

Vous fait.**es**. un bouquet. Vous écriv.**ez**. une carte.

B. Ajoute la terminaison qui convient.

Vous perd..**ez**.. au jeu. Vous pren..**ez**.. un médicament.

Vous part.**ez**... à la campagne. Vous lis**ez**. le mode d'emploi.

Vous buv.**ez** du lait. Vous a..**vez**.... soif. Vous cour.**ez** vite.

Vous croy.**ez** ce qu'il dit. Vous sort..**ez**... le vélo. Vous ten..**ez**..

la porte. Vous ri..**ez**... souvent. Vous achet..**ez**... des fruits.

Vous travaill.**ez**... sérieusement. Vous commenc..**ez**... un

bricolage. Vous pouv.**ez** regarder la TV.

© Éditions Je Réussis 39 Conjugaison CP

6 Les terminaisons avec Ils/Elles.

A. Ajoute la terminaison qui convient.

Elles coup.**ent**.. une pomme. Elles finiss.**ent**... le travail.

Ils garniss.**ent**.... le sapin. Ils vend..**ent**.... des gaufres.

Elles descend.**ent**... les escaliers. Elles di.**sent** merci.

Ils dorm..**ent**... dans le canapé. Ils voi..**ent**.... un oiseau.

Elles veul.**ent**... réussir. Elles sav..**ent**.. conjuguer.

Ils mett.**ent**.... une veste. Ils v.**ont**... au cinéma. Ils s.**ont**...

sages. Ils f.**ont** un bouquet. Elles écriv..**ent**... une carte.

B. Ajoute la terminaison qui convient.

Ils perd.**ent**. au jeu. Elles pren.**nent**.. un médicament.

Elles part..**ent**... à la campagne. Elles li.**sent**.... le mode

d'emploi. Elles boi.**vent**.. du lait. Ils on**t**.... soif.

Elles cour.**ent**... vite. Elles croi..**ent**... ce qu'il dit. Ils sort.**ent**

le vélo. Ils tien.**nent**. la porte. Ils ri.**ent**..... souvent.

Elles achèt.**ent**..... des fruits.. Elles commenc..**ent** un

bricolage. Elles peuv.**ent** regarder la TV.

© Éditions Je Réussis 40 Conjugaison CP

CORRIGÉS

LE PASSÉ COMPOSÉ
Les verbes comme CHANTER

A. Relie ce qui va ensemble.

- J' — ai invité un ami.
- Tu — as invité un ami.
- Il/elle — a invité un ami.
- Nous — avons invité un ami.
- Vous — avez invité un ami.
- Ils/elles — ont invité un ami.
- Ethan et moi — avons invité un ami.
- Elle et toi — avez invité un ami.

B. Complète avec le verbe TRAVERSER au passé composé.

Elle ....**a traversé**............ la rue. Vous **avez traversé** la rue. J' **ai traversé**.................. la rue. Ils ....**ont traversé**............ la rue. Tu ..**as traversé**....... la rue. Nous ..**avons traversé**.......... la rue. Carl et Jassim ....**ont traversé**............ la rue.

C. Complète avec le verbe ADMIRER au passé composé.

Tu ..**as admiré**............... ce château.

J' ..**ai admiré**................ ce château.

Vous ..**avez admiré**.......... ce château.

Elles ....**ont admiré**....... ce château.

Pierre et moi ....**avons admiré**........... ce château.

Saïm ..**a admiré**..................... ce château.

Nous ...**avons admiré**............ ce château.

D. Complète avec le verbe GAGNER au passé composé.

Elle ....**a gagné**............................ au jeu.

Vous ....**avez gagné**............au jeu.

J' ....**ai gagné**.......... au jeu.

Ils ....**ont gagné**................au jeu.

Tu ....**as gagné**........... au jeu.

Nous .....**avons gagné**................... au jeu.

CORRIGÉS

Le passé composé (suite)

A. Relie ce qui va ensemble.

Je	
Tu	es tombé(e) du mur.
Il	suis tombé(e) du mur.
Elle	est tombé du mur.
	est tombée du mur.
Nous	
Vous	sont tombés du mur.
Ils	sommes tombé(e)s du mur.
Elles	sont tombées du mur.
Zoé et moi	êtes tombé(e)s du mur.
Elle et toi, Léa	

B. Relie ce qui va ensemble.

Je (= Lise)	est restée à la maison.
Tu (= Paul)	est resté à la maison.
Il	es resté à la maison.
Elle	suis restée à la maison.
Nous (2 filles)	sommes restés à la maison.
Vous	sont restées à la maison.
Elles	sommes restées à la maison.
Pierre et moi	êtes restés à la maison.

C. Complète avec le verbe ENTRER au passé composé.

Moi, dit Élise, je ....**suis entrée**..... dans le magasin.
Elles ....**sont entrées**.... dans le magasin.
Il ....**est entré**.......... dans le magasin.
Ta sœur et ton frère .....**sont entrés**.... dans le magasin.

Le passé composé : autres verbes

A. Relie ce qui peut convenir.

J'	est allée sur la plage.
Tu	ai vu le lever du soleil.
Il	est allé sur la plage.
Elle	as vendu des stylos.
Nous	sont allées sur la plage.
Vous	avez vu le lever du soleil.
Elles	avons vendu des stylos.

B. Relie ce qui peut convenir.

J'	est arrivé à l'heure.
Tu	ai battu les cartes.
Il	as eu froid.
Nous	avez eu froid.
Vous	sont arrivées à l'heure.
Elles	sommes arrivé(e)s à l'heure.
Julien et toi	ont battu les cartes.

CORRIGÉS

C. Relie ce qui peut convenir.

J'	ai bu un chocolat chaud.
Tu	as compris la question.
Il	a reconnu un ancien voisin.
Nous	avons reconnu un ancien voisin.
Vous	avez compris la question.
Elles	ont bu un chocolat chaud.
Chloé et toi	avez compris la question.

D. Relie ce qui peut convenir.

J'	ai couru vers elle.
Tu	as couvert les cahiers.
Il	a cru ses paroles.
Les élèves	ont couvert les cahiers.
Nous	avons cru ses paroles.
Vous	avez couru vers elle.
Elles	ont couvert les cahiers.

E. Relie ce qui peut convenir.

J'	ai descendu les volets.
Tu	as dû relire le texte.
Il	est devenu instituteur.
Caroline	est devenue institutrice.
Nous	avons descendu les volets.
Vous	avez dû relire le texte.
Elles	sont devenues institutrices.

F. Relie ce qui peut convenir.

J'	ai dit de revenir plus tard.
Tu	as ronflé en dormant.
Il	a écrit à son ami.
Ludovic	a écrit à son ami.
Nous	avons écrit à nos correspondants.
Vous	avez ronflé en dormant.
Elles	ont dit de revenir plus tard.

CORRIGÉS

G. Relie ce qui peut convenir.

J'	as été gentil.
Tu	ai entendu un coup de tonnerre.
Il	a fait du bruit.
Nous	avons entendu un coup de tonnerre.
Vous	avez été gentils.
Elles	ont fait du bruit.
Vous et moi	

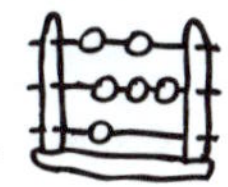

H. Relie ce qui peut convenir.

J'	ai fini le bricolage.
Tu	a mis fin à la récréation.
Il	as lu un conte.
Nous	ont fini le bricolage.
Vous	avez mis fin à la récréation.
Elles	avons lu un conte.

I. Relie ce qui peut convenir.

Léa	est passé derrière moi.
J'	est passée derrière moi.
Tu	ai perdu ma clé.
Il	es parti(e) depuis longtemps.
Nous	sont parties depuis longtemps.
Vous	êtes passé(e)s derrière moi.
Elles	avons perdu notre clé.
Les enfants	sont partis depuis longtemps.

J. Relie ce qui peut convenir.

J'	a ri de cette blague.
Tu	ai pris un bon départ.
Il	as pu prendre un bain.
Nous	avons pris un bon départ.
Vous	ont ri de cette blague.
Elles	avez pu prendre un bain.
Léo et toi	

CORRIGÉS

K. Relie ce qui peut convenir.

J'	a sorti la poubelle.
Tu	as senti le parfum du muguet.
Il	ai su réparer le vélo.
Alice	ont su réparer le vélo.
Nous	avez senti le parfum du muguet.
Vous	avons sorti la poubelle.
Elles	

L. Relie ce qui peut convenir.

J'	as vendu tes anciens jouets.
Tu	est sorti de l'eau.
Il	ai tenu la main de mon frère.
Nous	avons tenu l'échelle.
Vous	sont sorties de l'eau.
Elles	avez vendu vos anciens jouets.

M. Relie ce qui peut convenir.

J'	es venu(e) nous rencontrer.
Tu	ai vu sa nouvelle auto.
Il	a voulu le reconduire.
Nous	sont venues nous rencontrer.
Vous	avez vu sa nouvelle auto.
Elles	avons voulu le reconduire.

CORRIGÉS

Les terminaisons des participes passés

A. Complète le tableau.

VERBE	Part. passé au féminin	PASSÉ COMPOSÉ
Faire	fai**te**	Il a **fait**
Descendre	descend**ue**	Il a **descendu**
Écrire	écri**te**	Il a **écrit**
Comprendre	compri**se**	Il a **compris**
Dire	di**te**	Il a **dit**
Mettre	mi**se**	Il a **mis**
Connaître	con**nue**	Il a **connu**
Partir	parti**e**	Il est **parti**
Vendre	vend**ue**	Il a **vendu**
Perdre	perd**ue**	Il a **perdu**

L'imparfait (hier...)

A. Relie ce qui peut convenir.

- Je — courais vers elle.
- Tu — courais vers elle.
- Il — croyait ses paroles.
- Nous — croyions ses paroles.
- Vous — couriez vers elle.
- Elles — couvraient les cahiers.
- Marc et moi — croyions ses paroles.

B. Relie ce qui peut convenir.

- Je — descendais les volets.
- Tu — descendais les volets.
- Il — devenait instituteur.
- Nous — descendions les volets.
- Vous — deviez relire le texte.
- Elles — devaient relire le texte.

CORRIGÉS

C. Relie ce qui peut convenir.

Je	ronflais en dormant.
Tu	ronflais en dormant.
Il	écrivait à nos amis.
Nous	écrivions à nos correspondants.
Vous	ronfliez en dormant.
Elles	disaient de revenir plus tard.
Léna et Laura	disaient de revenir plus tard.

D. Relie ce qui peut convenir.

J'	étais gentil.
Tu	étais gentil.
Il	faisait du bruit.
Nous	entendions un coup de tonnerre.
Vous	étiez gentils.
Elles	faisaient du bruit.
Vous et moi	entendions un coup de tonnerre.

E. Relie ce qui peut convenir.

Je	lisais un conte.
Tu	lisais un conte.
Il	mettait fin à la récréation.
Nous	lisions un conte.
Vous	mettiez fin à la récréation.
Elles	finissaient le bricolage.
Manon et moi	lisions un conte.

F. Relie ce qui peut convenir.

Je	perdais ma clé.
Tu	perdais ma clé.
Il	voulait vous rencontrer.
Nous	perdions notre clé.
Vous	passiez derrière moi.
Elles	partaient en voyage.
Myra et Matéo	partaient en voyage.

CORRIGÉS

G. Relie ce qui peut convenir.

Je	prenais un bon départ.
Tu	prenais un bon départ.
Il	riait de cette blague.
Nous	riions de cette blague.
Vous	preniez un bon départ.
Elles	pouvaient prendre un bain.
Vous et moi	riions de cette blague.

H. Relie ce qui peut convenir.

Je	sentais le parfum du muguet.
Tu	sentais le parfum du muguet.
Il	sortait la poubelle.
Nous	sortions la poubelle.
Vous	saviez réparer le vélo.
Elles	venaient réparer le vélo.
Inès et Carl	venaient réparer le vélo.

I. Relie ce qui peut convenir.

Je	vendais tes anciens jouets.
Tu	vendais tes anciens jouets.
Il	voyait son ami.
Nous	tenions l'échelle.
Vous	veniez nous rencontrer.
Elles	sortaient de l'eau.
Toi et moi	tenions l'échelle.

CORRIGÉS

Le futur simple (demain...)

A. Relie ce qui peut convenir.

- Je — courrai vers elle.
- Tu — courras vers elle.
- Il — croira ses paroles.
- Nous — croirons ses paroles.
- Vous — courrez vers elle.
- Elles — couvriront les cahiers.
- Tom et moi — croirons ses paroles.

B. Relie ce qui peut convenir.

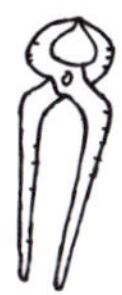

- Je — deviendrai instituteur.
- Tu — descendras les volets.
- Il — deviendra instituteur.
- Nous — descendrons les volets.
- Vous — devrez relire le texte.
- Elles — devront relire le texte.

C. Relie ce qui peut convenir.

- J' — écrirai à nos amis.
- Tu — ronfleras en dormant.
- Il — dira de revenir plus tard.
- Nous — écrirons à nos correspondants.
- Vous — ronflerez en dormant.
- Elles — diront de revenir plus tard.
- Léna et Laura — diront de revenir plus tard.

D. Relie ce qui peut convenir.

- Je — partirai en voyage.
- Tu — perdras ma clé.
- Il — voudra vous rencontrer.
- Nous — perdrons notre clé.
- Vous — passerez derrière moi.
- Elles — partiront en voyage.
- Myra et Matéo — partiront en voyage.

CORRIGÉS

E. Relie ce qui peut convenir.

J'	entendrai un coup de tonnerre.
Tu	fera du bruit.
Il	seras gentil.
Nous	serez gentils.
Vous	feront du bruit.
Elles	entendrons un coup de tonnerre.
Vous et moi	

F. Relie ce qui peut convenir.

Je	lira un conte.
Tu	mettras fin à la récréation.
Il	finirai le bricolage.
Nous	mettrez fin à la récréation.
Vous	finiront le bricolage.
Elles	lirons un conte.
Manon et toi	

G. Relie ce qui peut convenir.

Je	pourras prendre le train.
Tu	prendrai un bon départ.
Il	rira de cette blague.
Maxence	prendrez un bon départ.
Nous	rirons de cette blague.
Vous	pourront prendre un bain.
Elles	

H. Relie ce qui peut convenir.

Je	viendras réparer le vélo.
Tu	sentirai le parfum du muguet.
Il	sortira la poubelle.
Nous	sortirons la poubelle.
Vous	saurez réparer le vélo.
Elles	viendront réparer le vélo.
Inèss et Alexis	

CORRIGÉS

1. Relie ce qui peut convenir.

Je	vendrai tes anciens jouets.
Tu	tiendras l'échelle.
Il	deviendra son ami.
Nous	tiendrons l'échelle.
Vous	viendrez nous rencontrer.
Elles	sortiront de l'eau.
Toi et moi	tiendrons l'échelle.

L'impératif présent

A. Tu parles à une autre personne. (2e personne du singulier)

Exemple : apporter > Apporte ton ballon.

arriver : ....**Arrive**........ à l'heure.
attendre : ....**Attends**........ -moi.
boire : ....**Bois**........ ce jus d'orange.
comprendre : ....**Comprends**........ la leçon.
connaître : ....**Connais**........ les tables de multiplication.
croire : ....**Crois**........ ce que tes parents te disent.
découvrir : ....**Découvre**........ ce beau livre.
écrire : ....**Écris**........ à un ami.
entendre : ....**Entends**........ le signal.
être : ....**Sois**........ calme.

faire : ....**Fais**........ un trou.
laver : ....**Lave**........ la chaise.
lever : ....**Lève**........ le volet.
mettre : ....**Mets**........ le linge à sécher.
monter : ....**Monte**........ la tente.
ouvrir : ....**Ouvre**........ la fenêtre.
rendre : ....**Rends**........ le stylo à ton voisin.
servir : ....**Sers**........ les boissons.
travailler : ....**Travaille**........ sérieusement.
retrouver : ....**Retrouve**........ le livre.
aller : ....**Va**........ le chercher.
partir : ....**Pars**........ à temps.
manger : ....**Mange**........ lentement.
finir : ....**Finis**........ l'exercice.
sentir : ....**Sens**........ le parfum de cette fleur.

CORRIGÉS

B. Tu parles de toi et d'une autre personne. (1re personne du pluriel)

Exemple : apporter > Apportons un ballon.

arriver :	**Arrivons**	à l'heure.
attendre :	**Attendons**	le bus.
boire :	**Buvons**	ce jus d'orange.
comprendre :	**Comprenons**	la leçon.
connaître :	**Connaissons**	les tables de multiplication.
croire :	**Croyons**	ce que nos parents nous disent.
découvrir :	**Découvrons**	ce beau livre.
écrire :	**Écrivons**	à un ami.
entendre :	**Entendons**	le signal.
être :	**Soyons**	calmes.
faire :	**Faisons**	un trou.
laver :	**Lavons**	la chaise.
lever :	**Levons**	le volet.
mettre :	**Mettons**	le linge à sécher.
monter :	**Montons**	la tente.
ouvrir :	**Ouvrons**	la fenêtre.
rendre :	**Rendons**	le stylo au voisin.
servir :	**Servons**	les boissons.
travailler :	**Travaillons**	sérieusement.
retrouver :	**Retrouvons**	le livre.
aller :	**Allons**	le chercher.
partir :	**Partons**	à temps.
manger :	**Mangeons**	lentement.
finir :	**Finissons**	l'exercice.
sentir :	**Sentons**	le parfum de cette fleur.

C. Tu parles à plusieurs autres personnes. (2e personne du pluriel)

Exemple : apporter > Apportez un ballon.

arriver :	**Arrivez**	à l'heure.
attendre :	**Attendez**	le bus.
boire :	**Buvez**	ce jus d'orange.
comprendre :	**Comprenez**	la leçon.
connaître :	**Connaissez**	les tables de multiplication.
croire :	**Croyez**	ce que vos parents vous disent.
découvrir :	**Découvrez**	ce beau livre.
écrire :	**Écrivez**	à un ami.
entendre :	**Entendez**	le signal.
être :	**Soyez**	calmes.
faire :	**Faites**	un trou.
laver :	**Lavez**	la chaise.
lever :	**Levez**	le volet.
mettre :	**Mettez**	le linge à sécher.
monter :	**Montez**	la tente.
ouvrir :	**Ouvrez**	la fenêtre.
rendre :	**Rendez**	le stylo au voisin.
servir :	**Servez**	les boissons.
travailler :	**Travaillez**	sérieusement.
retrouver :	**Retrouvez**	le livre.
aller :	**Allez**	le chercher.
partir :	**Partez**	à temps.
manger :	**Mangez**	lentement.
finir :	**Finissez**	l'exercice.
sentir :	**Sentez**	le parfum de cette fleur.

CORRIGÉS

Pour aller plus loin

1 **Conjugue les verbes selon les indications.**

aller

Présent de l'indicatif	Tu ......**vas**......................	chez une amie.
	Vous ...**allez**.................	chez une amie.
	Elles ....**vont**.................	chez une amie.
Imparfait de l'indicatif	J'.........**allais**................	chez une amie.
	Ils ....**allaient**...........	chez une amie.
Futur simple de l'ind.	J'.........**irai**......................	chez une amie.
	Nous ...**irons**................	chez une amie.
	Ils ....**iront**.................	chez une amie.
Passé composé de l'ind.	Elle .....**est allée**..........	chez une amie.
	Vous....**êtes allés/ées**.	chez une amie.

arriver

Présent de l'indicatif	Tu ....**arrives**...............	à destination.
	Nous ...**arrivons**...........	à destination.
	Ils ....**arrivent**...........	à destination.
Imparfait de l'indicatif	J'.........**arrivais**.............	à destination.
	Ils ....**arrivaient**.........	à destination.
Futur simple de l'ind.	Elle .....**arrivera**............	à destination.
	Elles ....**arriveront**.......	à destination.
Passé composé de l'ind.	Il ....**est arrivé**.........	à destination.
	Elles ....**sont arrivées**..	à destination.

Impératif présent ;
tu parles à une autre personne ....**Arrive**............... à l'heure.

2 **Conjugue les verbes selon les indications.**

avoir

Présent de l'indicatif	J' ......**ai**.................	un nouveau jeu vidéo.
	Tu ....**as**.................	un nouveau jeu vidéo.
	Elles .**ont**.............	un nouveau jeu vidéo.
Imparfait de l'indicatif	Tu ....**avais**..........	un nouveau jeu vidéo.
	Vous .**aviez**..........	un nouveau jeu vidéo.
Futur simple de l'ind.	Tu ....**auras**..........	un nouveau jeu vidéo.
	Ils .....**auront**........	un nouveau jeu vidéo.
Passé composé de l'ind.	Tu ....**as eu**...........	un nouveau jeu vidéo.
	Elles .**ont eu**........	un nouveau jeu vidéo.

Impératif présent ; tu parles à plusieurs autres personnes

Ayez. un nouveau jeu vidéo.

boire

Présent de l'indicatif	Je ....**bois**..................	une limonade.
	Nous ....**buvons**...........	une limonade.
	Elles .....**boivent**..........	une limonade.
Imparfait de l'indicatif	Tu ....**buvais**............	une limonade.
	Vous ....**buviez**.............	une limonade.
Futur simple de l'ind.	Elle ......**boira**...............	une limonade.
	Nous ....**boirons**..........	une limonade.
Passé composé de l'ind.	Tu ....**as bu**...............	une limonade.
	Ils ....**ont bu**.............	une limonade.

Impératif présent ;
tu parles à une autre personne ....**Bois**........... une limonade.

CORRIGÉS

3 Conjugue les verbes selon les indications.

comprendre

Présent de l'indicatif	Je	**comprends**	ce livre.
	Elle	**comprend**	ce livre.
	Ils	**comprennent**	ce livre.
Imparfait de l'indicatif	Tu	**comprenais**	ce livre.
	Vous	**compreniez**	ce livre.
Futur simple de l'ind.	Elle	**comprendra**	ce livre.
	Vous	**comprendrez**	ce livre.
Passé composé de l'ind.	J'	**ai compris**	ce livre.
Impératif présent ;			
tu parles à une autre personne		**Comprends**	ce livre.
tu parles à plusieurs personnes		**Comprenez**	ce livre.

connaître

Présent de l'indicatif	Je	**connais**	cette personne.
	Nous	**connaissons**	cette personne.
	Elles	**connaissent**	cette personne.
Imparfait de l'indicatif	Il	**connaissait**	cette personne.
	Vous	**connaissiez**	cette personne.
Futur simple de l'ind.	Tu	**connaîtras**	cette personne.
	Ils	**connaîtront**	cette personne.
Passé composé de l'ind.	Elles	**ont connu**	cette personne.
Impératif présent ;			
tu parles à une autre personne		**Connais**	cette personne.
tu parles à plusieurs personnes		**Connaissez**	cette personne.

4 Conjugue les verbes selon les indications.

courir

Présent de l'indicatif	Je	**cours**	après le ballon.
	Elle	**court**	après le ballon.
	Ils	**courent**	après le ballon.
Imparfait de l'indicatif	Il	**courait**	après le ballon.
	Vous	**couriez**	après le ballon.
Futur simple de l'ind.	Tu	**courras**	après le ballon.
	Nous	**courrons**	après le ballon.
Passé composé de l'ind.	Elle	**a couru**	après le ballon.
Impératif présent ;			
tu parles à une autre personne		**Cours**	après le ballon.
tu parles à plusieurs personnes		**Courez**	après le ballon.

croire

Présent de l'indicatif	Je	**crois**	cette nouvelle.
	Nous	**croyons**	cette nouvelle.
	Elles	**croient**	cette nouvelle.
Imparfait de l'indicatif	Tu	**croyais**	cette nouvelle.
	Vous	**croyiez**	cette nouvelle.
Futur simple de l'ind.	Elle	**croira**	cette nouvelle.
	Nous	**croirons**	cette nouvelle.
Passé composé de l'ind.	Ils	**ont cru**	cette nouvelle.
Impératif présent ;			
tu parles à une autre personne		**Crois**	cette nouvelle.
tu parles à plusieurs personnes		**Croyez**	cette nouvelle.

CORRIGÉS

5 **Conjugue les verbes selon les indications.**

descendre

Présent de l'indicatif Je ……**descends**…… du mur.
Elle ……**descend**……du mur.
Nous ……**descendons**…… du mur.

Imparfait de l'indicatif Tu ……**descendais**…… du mur.
Vous ……**descendiez**…… du mur.

Futur simple de l'ind. Elle ……**descendra**…… du mur.
Ils ……**descendront**…… du mur.

Passé composé de l'ind. Elle ……**est descendue**…… du mur.

Impératif présent ;
tu parles à une autre personne ……**Descends**…… du mur.
tu parles à plusieurs personnes ……**Descendez**…… du mur.

devenir

Présent de l'indicatif Tu ……**deviens**…… un bon nageur.
Elle ……**devient**…… une bonne nageuse.
Vous ……**devenez**…… de bons nageurs.

Imparfait de l'indicatif Je ……**devenais**…… un bon nageur.
Elles ……**devenaient** de bonnes nageuses.

Futur simple de l'ind. Elle ……**deviendra**… une bonne nageuse.
Nous ……**deviendrons**.. de bons nageurs.

Passé composé de l'ind. Elle ……**est devenue** une bonne nageuse.

Impératif présent ;
tu parles à une autre personne ……**Deviens**…. un bon nageur.
tu parles à plusieurs personnes ……**Devenez**.. de bonnes nageuses.

6 **Conjugue les verbes selon les indications.**

dire

Présent de l'indicatif Je ……**dis**…… la vérité.
Vous ……**dites**…… la vérité.
Elles ……**disent**…… la vérité.

Imparfait de l'indicatif Il ……**disait**…… la vérité.
Vous ……**disiez**…… la vérité.

Futur simple de l'ind. Tu ……**diras**…… la vérité.
Ils ……**diront**…… la vérité.

Passé composé de l'ind. Tu ……**as dit**…… la vérité.

Impératif présent ;
tu parles à une autre personne ……**Dis**….. la vérité.
tu parles à plusieurs personnes ……**Dites**. la vérité.

dormir

Présent de l'indicatif Tu ….**dors**…… dans un lit douillet.
Elle …**dort**…… dans un lit douillet.
Vous ..**dormez**…… dans un lit douillet.

Imparfait de l'indicatif Je ….**dormais**…… dans un lit douillet.
Elles ..**dormaient**…. dans un lit douillet.

Futur simple de l'ind. Je ….**dormirai**…… dans un lit douillet.
Vous ..**dormirez**…… dans un lit douillet.

Passé composé de l'ind. Nous **avons dormi** dans un lit douillet.

Impératif présent ;
tu parles à une autre personne …**Dors**… dans un lit douillet.
tu parles à plusieurs personnes …**Dormez**… dans un lit douillet.

CORRIGÉS

7 Conjugue les verbes selon les indications.

écrire

Présent de l'indicatif	J' ……**écris**……	soigneusement.
	Nous ……**écrivons**……	soigneusement.
	Elles ……**écrivent**……	soigneusement.
Imparfait de l'indicatif	Il ……**écrivait**……	soigneusement.
	Vous ……**écriviez**……	soigneusement.
Futur simple de l'ind.	Tu ……**écriras**……	soigneusement.
	Ils ……**écriront**……	soigneusement.
Passé composé de l'ind.	Elles ……**ont écrit**……	soigneusement.
Impératif présent ;		
tu parles à une autre personne	……**Écris**……	soigneusement.
tu parles à plusieurs personnes	……**Écrivez**……	soigneusement.

être

Présent de l'indicatif	Je ……**suis**……	en CP.
	Nous ……**sommes**……	en CP.
	Vous ……**êtes**……	en CP.
Imparfait de l'indicatif	Tu ……**étais**……	en CP.
	Elles ……**étaient**……	en CP.
Futur simple de l'ind.	Il ……**sera**……	en CP.
	Vous ……**serez**……	en CP.
Passé composé de l'ind.	Nous ……**avons été**……	sages.
Impératif présent ;		
tu parles à une autre personne	……**Sois**……	sage.
tu parles à plusieurs personnes	……**Soyez**……	sages.

8 Conjugue les verbes selon les indications.

faire

Présent de l'indicatif	Elle ……**fait**……	un bouquet de fleurs.
	Vous ……**faites**……	un bouquet de fleurs.
	Ils ……**font**……	un bouquet de fleurs.
Imparfait de l'indicatif	Tu ……**faisais**……	un bouquet de fleurs.
	Nous ……**faisions**……	un bouquet de fleurs.
Futur simple de l'ind.	Je ……**ferai**……	un bouquet de fleurs.
	Vous ……**ferez**……	un bouquet de fleurs.
Passé composé de l'ind.	Elles ……**ont fait**……	un bouquet de fleurs.
Impératif présent ;		
tu parles à une autre personne	……**Fais**……	un bouquet de fleurs.
tu parles à plusieurs personnes	……**Faites**……	un bouquet de fleurs.

finir

Présent de l'indicatif	Je ……**finis**……	la préparation.
	Elle ……**finit**……	la préparation.
	Vous ……**finissez**……	la préparation.
Imparfait de l'indicatif	Tu ……**finissais**……	la préparation.
	Ils ……**finissaient**……	la préparation.
Futur simple de l'ind.	Tu ……**finiras**……	la préparation.
	Elles ……**finiront**……	la préparation.
Passé composé de l'ind.	Ils ……**ont fini**……	la préparation.
Impératif présent ;		
tu parles à une autre personne	……**Finis**……	la préparation.
tu parles à plusieurs personnes	……**Finissez**……	la préparation.

CORRIGÉS

9 Conjugue les verbes selon les indications.

lire

Présent de l'indicatif	Je ....**lis**............	le mode d'emploi.
	Elle ....**lit**............	le mode d'emploi.
	Vous ....**lisez**............	le mode d'emploi.
Imparfait de l'indicatif	Tu ....**lisais**............	le mode d'emploi.
	Elles ....**lisaient**............	le mode d'emploi.
Futur simple de l'ind.	Je ....**lirai**............	le mode d'emploi.
	Vous ....**lirez**............	le mode d'emploi.
Passé composé de l'ind.	Nous ....**avons lu**............	le mode d'emploi.
Impératif présent ;		
tu parles à une autre personne	............**Lis**...	le mode d'emploi.
tu parles à plusieurs personnes	............**Lisez**	le mode d'emploi.

manger

Présent de l'indicatif	Je ....**mange**............	une pomme.
	Nous ....**mangeons**............	une pomme.
	Elles ....**mangent**............	une pomme.
Imparfait de l'indicatif	Tu ....**mangeais**............	une pomme.
	Ils ....**mangeaient**............	une pomme.
Futur simple de l'ind.	Il ....**mangera**............	une pomme.
	Vous ....**mangerez**............	une pomme.
Passé composé de l'ind.	Tu............**as mangé**............	une pomme.
Impératif présent ;		
tu parles à une autre personne	............**Mange**............	une pomme.
tu parles à plusieurs personnes	............**Mangez**............	une pomme.

10 Conjugue les verbes selon les indications.

mettre

Présent de l'indicatif	Je ....**mets**............	un pull.
	Vous ....**mettez**............	un pull.
	Elles ....**mettent**............	un pull.
Imparfait de l'indicatif	Tu ....**mettais**............	un pull.
	Nous ....**mettions**............	un pull.
Futur simple de l'ind.	Il ....**mettra**............	un pull.
	Elles ....**mettront**............	un pull.
Passé composé de l'ind.	Tu ....**as mis**............	un pull.
Impératif présent ;		
tu parles à une autre personne	............**Mets**............	un pull.
tu parles à plusieurs personnes	............**Mettez**............	un pull.

passer

Présent de l'indicatif	Je ....**passe**............	un tour.
	Tu ....**passes**............	un tour.
	Nous ....**passons**............	un tour.
Imparfait de l'indicatif	Elle ....**passait**............	un tour.
	Ils ....**passaient**............	un tour.
Futur simple de l'ind.	Nous ....**passerons**............	un tour.
	Ils ....**passeront**............	un tour.
Passé composé de l'ind.	Tu ....**as passé**............	un tour.
Impératif présent ;		
tu parles à une autre personne	............**Passe**............	un tour.
tu parles à plusieurs personnes	............**Passez**............	un tour.

CORRIGÉS

11 **Conjugue les verbes selon les indications.**

partir

Présent de l'indicatif	Je ....**pars**........	à l'école.
	Elle ....**part**........	à l'école.
	Vous ....**partez**........	à l'école.
Imparfait de l'indicatif	Tu ....**partais**........	à l'école.
	Elles ....**partaient**........	à l'école.
Futur simple de l'ind.	Il ....**partira**........	à l'école.
	Vous ....**partirez**........	à l'école.
Passé composé de l'ind.	Elle ....**est partie**........	à l'école.
Impératif présent ;		
tu parles à une autre personne	........**Pars**........	à l'école.
tu parles à plusieurs personnes	........**Partez**........	à l'école.

perdre

Présent de l'indicatif	Tu ....**perds**........	la partie.
	Elle ....**perd**........	la partie.
	Nous ....**perdons**........	la partie.
Imparfait de l'indicatif	Je ....**perdais**........	la partie.
	Ils ....**perdaient**........	la partie.
Futur simple de l'ind.	Tu ....**perdras**........	la partie.
	Vous ....**perdrez**........	la partie.
Passé composé de l'ind.	Nous ....**avons perdu**........	la partie.
Impératif présent ;		
tu parles à une autre personne	........**Perds**........	la partie.
tu parles à plusieurs personnes	........**Perdez**........	la partie.

12 **Conjugue les verbes selon les indications.**

prendre

Présent de l'indicatif	Je ....**prends**........	un dessert.
	Elle ....**prend**........	un dessert.
	Ils ....**prennent**........	un dessert.
Imparfait de l'indicatif	Tu ....**prenais**........	un dessert.
	Vous ....**preniez**........	un dessert.
Futur simple de l'ind.	Je ....**prendrai**........	un dessert.
	Nous ....**prendrons**........	un dessert.
Passé composé de l'ind.	J'........**ai pris**........	un dessert.
Impératif présent ;		
tu parles à une autre personne	....**Prends**........	un dessert.
tu parles à plusieurs personnes	....**Prenez**........	un dessert.

sentir

Présent de l'indicatif	Tu ....**sens**........	le vent.
	Elle ....**sent**........	le vent.
	Vous ....**sentez**........	le vent.
Imparfait de l'indicatif	Nous ....**sentions**........	le vent.
	Elles ....**sentaient**........	le vent.
Futur simple de l'ind.	Tu ....**sentiras**........	le vent.
	Vous ....**sentirez**........	le vent.
Passé composé de l'ind.	Elles ....**ont senti**........	le vent.
Impératif présent ;		
tu parles à une autre personne	........**Sens**........	le vent.
tu parles à plusieurs personnes	........**Sentez**........	le vent.

CORRIGÉS

13 **Conjugue les verbes selon les indications.**

tenir

Présent de l'indicatif	Tu **tiens** le guidon du vélo.
	Elle **tient** le guidon du vélo.
	Ils **tiennent** le guidon du vélo.
Imparfait de l'indicatif	Je **tenais** le guidon du vélo.
	Nous **tenions** le guidon du vélo.
Futur simple de l'ind.	Il **tiendra** le guidon du vélo.
	Vous **tiendrez** le guidon du vélo.
Passé composé de l'ind.	Tu **as tenu** le guidon du vélo.
Impératif présent ;	
tu parles à une autre personne	**Tiens** le guidon du vélo.
tu parles à plusieurs personnes	**Tenez** le guidon du vélo.

trouver

Présent de l'indicatif	Je **trouve** des noisettes.
	Tu **trouves** des noisettes.
	Vous **trouvez** des noisettes.
Imparfait de l'indicatif	Elle **trouvait** des noisettes.
	Nous **trouvions** des noisettes.
Futur simple de l'ind.	Tu **trouveras** des noisettes.
	Elles **trouveront** des noisettes.
Passé composé de l'ind.	Il **a trouvé** des noisettes.
Impératif présent ;	
tu parles à une autre personne	**Trouve** des noisettes.
tu parles à plusieurs personnes	**Trouvez** des noisettes.

14 **Conjugue les verbes selon les indications.**

vendre

Présent de l'indicatif	Elle **vend** des billets de tombola.
	Nous **vendons** des billets de tombola.
	Ils **vendent** des billets de tombola.
Imparfait de l'indicatif	Je **vendais** des billets de tombola.
	Vous **vendiez** des billets de tombola.
Futur simple de l'ind.	Je **vendrai** des billets de tombola.
	Vous **vendrez** des billets de tombola.
Passé composé de l'ind.	Tu **as vendu** des billets de tombola.
Impératif présent ;	
tu parles à une autre personne	**Vends** des billets de tombola.
tu parles à plusieurs personnes	**Vendez** des billets de tombola.

venir

Présent de l'indicatif	Je **viens** te saluer.
	Nous **venons** te saluer.
	Elles **viennent** te saluer.
Imparfait de l'indicatif	Tu **venais** le saluer.
	Vous **veniez** le saluer.
Futur simple de l'ind.	Elle **viendra** te saluer.
	Ils **viendront** te saluer.
Passé composé de l'ind.	Ils **sont venus** te saluer.
Impératif présent ;	
tu parles à une autre personne	**Viens** le saluer.
tu parles à plusieurs personnes	**Venez** le saluer.

CORRIGÉS

15 **Conjugue les verbes selon les indications.**

acheter

Présent de l'indicatif	Tu ....**achètes**................ le journal.	
	Nous ....**achetons**.............. le journal.	
	Elles .....**achètent**.............. le journal.	
Imparfait de l'indicatif	J'..........**achetais**................ le journal.	
	Vous ....**achetiez**................ le journal.	
Futur simple de l'ind.	Elle ......**achètera**.............. le journal.	
	Nous ....**achèterons**.......... le journal.	
Passé composé de l'ind.	Ils ....**ont acheté**.......... le journal.	
Impératif présent ;		
tu parles à une autre personne	.........**Achète**....... le journal.	
tu parles à plusieurs personnes	.........**Achetez**..... le journal.	

commencer

Présent de l'indicatif	Je ....**commence**........... un dessin.
	Nous ...**commençons**...... un dessin.
	Ils ....**commencent**....... un dessin.
Imparfait de l'indicatif	Elle ......**commençait**........ un dessin.
	Vous ....**commenciez**........ un dessin.
Futur simple de l'ind.	Tu ....**commenceras**..... un dessin.
	Elles ....**commenceront**.. un dessin.
Passé composé de l'ind.	Il ....**a commencé**....... un dessin.
Impératif présent ;	
tu parles à une autre personne	....**Commence**... un dessin.
tu parles à plusieurs personnes	....**Commencez** un dessin.

© Éditions Je Réussis 79 Conjugaison CP

16 **Conjugue les verbes selon les indications.**

étudier

Présent de l'indicatif	J' ....**étudie**.......... un poème.
	Nous .....**étudions**.......... un poème.
	Elles ......**étudient**.......... un poème.
Imparfait de l'indicatif	J'...........**étudiais**...... un poème.
	Ils ....**étudiaient**... un poème.
Futur simple de l'ind.	Tu ....**étudieras**...... un poème.
	Elles ......**étudieront**...... un poème.
Passé composé de l'ind.	Nous .....**avons étudié**... un poème.
Impératif présent ;	
tu parles à une autre personne	.......**Étudie**........ un poème.
tu parles à plusieurs personnes	......**Étudiez**...... un poème.

travailler

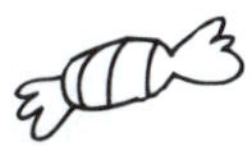

Présent de l'indicatif	Tu ....**travailles**........... beaucoup.
	Elle ....**travaille**............ beaucoup.
	Vous ....**travaillez**.......... beaucoup.
Imparfait de l'indicatif	Je ....**travaillais**......... beaucoup.
	Ils ....**travaillaient**.... beaucoup.
Futur simple de l'ind.	Je ....**travaillerai**....... beaucoup.
	Nous ....**travaillerons**... beaucoup.
Passé composé de l'ind.	Tu ....**as travaillé**....... beaucoup.
Impératif présent ;	
tu parles à une autre personne	....**Travaille**........... beaucoup.
tu parles à plusieurs personnes	....**Travaillez**......... beaucoup.

© Éditions Je Réussis 80 Conjugaison CP

Conseils d'utilisation à l'attention des parents

En CP, la conjugaison est surtout orale. C'est pour cette raison que nous avons composé de nombreux exercices de type « **Relie ce qui va ensemble** ».

Pour les phrases à compléter, toujours commencer par l'oral puis écrire.

Nous préconisons la démarche suivante :

1. Lire avec l'enfant la 2e colonne.
2. Lire « Je » ; faire dire la réponse.
3. Rechercher la réponse et relier.
4. Passer à la personne suivante.

Vous trouverez à la fin du livre des pages supplémentaires pour anticiper le CE1.

Nous vous souhaitons un bon travail.

LE PRÉSENT

1 Les verbes comme CHANTER avec je - tu.

OBSERVE :

Je chan**te**

Tu chant**es**

A. Relie ce qui va ensemble.

	☐ roule à vélo.
	☐ parles à un ami.
Je ☐	☐ regardes une image.
	☐ joue dans le salon.
	☐ parle à un ami.
Tu ☐	☐ regarde une image.
	☐ joues dans le salon.
	☐ roules à vélo.

B. Relie ce qui va ensemble.

	☐ dessine une maison.
Je ☐	☐ goûte un chocolat.
	☐ dessines une maison.
	☐ déchire un papier.
Tu ☐	☐ goûtes un chocolat.
	☐ déchires un papier.

C. Relie ce qui va ensemble.

	☐ fermes la porte.
Je/J' ☐	☐ laves la tasse.
	☐ ferme la porte.
Tu ☐	☐ éclaires la chambre.
	☐ éclaire la chambre.